AF136573

Franz Bernhöft

Der Besitztitel im römischen Recht

Franz Bernhöft

Der Besitztitel im römischen Recht

ISBN/EAN: 9783743327696

Hergestellt in Europa, USA, Kanada, Australien, Japan

Cover: Foto ©ninafisch / pixelio.de

Manufactured and distributed by brebook publishing software
(www.brebook.com)

Franz Bernhöft

Der Besitztitel im römischen Recht

RÖMISCHEN

VON

F. BERNHÖFT,

Doktor der Rechte.

HALLE,

VERLAG DER BUCHHANDLUNG DES WAISENHAUSES.

1875.

Vorwort.

Die vorliegende Schrift hat den Zweck auf Grund der Quellen zu untersuchen, welche Thatsachen zum unmittelbaren Eigenthumserwerb und zur Ersitzung gefordert werden. Sie kommt zu dem Ergebnisse, dass in beiden Fällen, was die Handlung betrifft, durch welche die Sache erworben wird, die Anforderungen durchaus gleich sind, dass also Eigenthumserwerb und Ersitzungstitel einander völlig entsprechen. Dieselben Thatsachen haben nur verschiedene Wirkungen, je nachdem gewisse andere Umstände vorliegen oder nicht. Hierdurch bin ich zu der herrschenden Meinung in einen schroffen Gegensatz getreten. In wie weit es mir gelungen ist dieselbe erfolgreich zu bekämpfen und meine eigne Ansicht zu beweisen, muss ich der Beurtheilung des Lesers überlassen. Indessen will ich die Gelegenheit benutzen an dieser Stelle die vielfache Anregung und Unterstützung dankend zu erwähnen, welche mir der Herr Geheime Hofrath Professor Bekker sowie der Herr Professor Alfred Pernice bei dieser Arbeit zu Theil werden liessen.

Greifswald im' Januar 1875.

F. B.

Einleitung.

Begriff des Titels (§ 1).

Schon früh hat sich den Römern die Bemerkung auf-
gedrängt, dass zwischen den einzelnen Arten des Besitzes
rechtlich wichtige Unterschiede bestehen, welche aus der
Verschiedenheit des Erwerbes entspringen.[1] Die ersten
Eintheilungsversuche scheinen ziemlich unbeholfen gewesen
zu sein; Quintus Mucius führt als eine Art des Besitzes
noch den Gewahrsam an, den derjenige hat, welcher von
dem Prätor rei seruandae causa eingewiesen wird, während
doch, wie Paulus sehr zutreffend bemerkt, hier nicht Besitz
im eigentlichen Sinne, sondern nur ein Recht zur Bewachung
(custodia) vorliegt.[2]

Ein Hauptunterschied machte sich zunächst zwischen
rechtmässigem und unrechtmässigem Besitze (iusta und in-
iusta possessio) geltend.[3] Auch hier kam es auf den Erwerb an: ein rechtmässiger Erwerb gab einen rechtmässigen
Grund zum Besitze (iusta causa possessionis); wer einen
solchen nicht nachweisen konnte, besass pro possessore.
Ulpian sagt:[4]

---

1) l. 6 pr. D. A. P. 41. 2. Ulp.
2) l. 3 § 23 D. A. P. 41. 2.
3) l. 3 § 5 D. A. P. 41. 2.
4) l. 11 § 1. l. 12 l. 13 D. H. P. 5. 3.

Pro possessore uero possidet praedo qui interrogatus, cur possideat, responsurus sit „quia possideo" nec contendet se heredem uel per mendacium *nec ullam causam posses-sionis possit dicere.*

Unter den auf einen rechtmässigen Grund sich stützen-den Besitzern ist wieder ein weiterer Unterschied zu machen zwischen dem Pfandgläubiger und Prekaristen einerseits und dem als Eigenthümer Besitzenden andererseits. Paulus sagt von den Ersteren: „licet enim iuste possideant, non tamen opinione domini possident",[5] und ebenso Gajus: „neque creditor neque is qui precario rogauit eo animo nanciscitur possessionem, ut credat se dominum esse".[6] Es sind die Fälle des sogenannten abgeleiteten Besitzes. Durch Uebertragung desselben geht kein Eigenthum über,[7] der Empfänger erhält auch nicht die Publiciana,[8] sowie er selbst nicht mit der actio noxalis belangt werden kann.[9]

Wir haben hier nur mit dem auf einem rechtmässigen Grunde beruhenden Besitze, welcher mit dem Willen eines Eigenthümers ausgeübt wird, zu thun. Paulus theilt ihn in folgender Weise ein:[10] „genera possessionum tot sunt quot et causae adquirendi eius quod nostrum non sit, uelut pro emptore pro donato pro legato pro dote pro herede pro noxae dedito pro suo."

Der Besitz pro suo hat kein besonderes Kennzeichen, sondern umfasst eine Menge sehr verschiedener Fälle. Nachdem die Römer nämlich einzelne Arten des Besitzes

---

5) l. 22 § 1 D. nox. act. 9. 4.
6) l. 13 § 1 D. Publ. 6. 2.
7) l. 12 D. ususfr. quemad. 7. 9. Ulp.
8) l. 13 § 1 D. Publ. 6. 2. Gai.
9) l. 22 § 1 D. nox. act. 9. 4. Paul.
10) l. 3 § 21 D. A. P. 41. 2.

aufgestellt hatten, fanden sie, dass dieselben keineswegs erschöpft waren. Sie führten nunmehr aus, dass man das, wovon man Eigenthümer zu sein glaube, jedenfalls als Eigenthum (pro suo) besitze, in welcher Weise es auch übrigens erworben sein möge. So erklärt Ulpian die possessio pro suo:[11]

Pro suo possessio talis est: cum dominium nobis adquiri putamus, et ex ea causa possidemus ex qua adquiritur et praeterea pro suo: ut puta ex causa emptionis et pro emptore et pro suo possideo, item donata uel legata uel pro donato uel pro legato etiam pro suo possideo.

Demnach nannte man jeden Besitz, für den man keine besondere Bezeichnung hatte, „possessio pro suo."

Die wichtigsten unter den Gründen des Besitzes sind die Uebergabeverträge, welche das mit einander gemein haben, dass sie erst durch die thatsächliche Uebergabe dingliche Wirksamkeit erhalten. Der häufigst genannte ist der Kauf. Die possessio pro emptore setzt stets einen gültigen Kauf voraus, Paulus sagt:[12] „pro emptore possidet qui reuera emit." Neben dem Kauf werden Schenkung und Mitgiftsvertrag angeführt. Es heisst in den Institutionen:[13] „si quis ... emerit uel ex donatione aliaue qua iusta causa acceperit," und weiter:[14] „sed si quidem (res) ex causa donationis aut dotis aut qualibet ex alia causa tradantur, sine dubio transferuntur."

Kauf, Schenkung und Mitgiftsvertrag werden ebenso-wohl als Gründe des Besitzes (causae possessionis) wie als

11) l. 1 pr. D. pro suo 41. 10.
12) l. 2 pr. D. pro emptore 41. 4.
13) § 35 J. R. D. 2. 1.
14) § 41 J. R. D. 2. 1.

1 *

Gründe der Uebergabe (causae traditionis) bezeichnet. Streng genommen müsste man hier unterscheiden: Kauf, Schenkung und Mitgiftsvertrag geben als blosse Verträge den Grund für die darauf folgende Uebergabe ab, sie bilden mit dieser zusammen den rechtmässigen Grund des Besitzes, welchen der Empfänger erwirbt.

Auch sonst macht das Wort „causa" grosse Schwierigkeiten, da dessen einzelne Bedeutungen vielfach in einander laufen, ohne nach äussern Kennzeichen unterscheidbar zu sein. Die Römer mochten leicht wissen, was in jedem Falle gemeint war, uns Neueren wird es schwerer stets die richtige Bedeutung herauszufinden.

Das Wort „causa" kommt hier insbesondere insofern in Betracht, als es mit „tradere," „accipere" und ähnlichen Ausdrücken verbunden ist. Es hat dabei drei sehr verschiedene Bedeutungen: „causa traditionis" heisst zunächst die rechtliche Grundlage der Uebergabe d. h. der Uebergabevertrag, causa kann aber auch ferner die rechtliche Voraussetzung, welche die Parteien bei dem Uebergabevertrag etwa machen, oder endlich den Beweggrund des Gebers zur Uebergabe bezeichnen.

Der Uebergabevertrag enthält nach der Auffassung der spätern römischen Rechtsgelehrten nicht nur die Einigung über den Besitzübergang, welche neuerdings nicht ganz genau mit den Worten „animus transferendi bez. accipiendi dominii" bezeichnet wird, sondern auch zugleich die Einigung über den rechtlichen Zweck des Besitzüberganges. Bei der Zahlung bestimmen z. B. die Parteien, dass einer Verpflichtung genügt, bei dem Mitgiftsvertrag, dass eine Mitgift bestellt werden soll; bei dem Kaufe geschieht die Uebergabe gegen Geld, bei der Schenkung ohne jede Gegenleistung.

In diesem Sinne spricht man von einer „traditio uenditionis, donationis, dotis causa." [15]

Bei einigen Uebergabeverträgen machen aber die Parteien stets gewisse Voraussetzungen: bei der Zahlung wird eine Schuld, bei dem Mitgiftsvertrage das Bestehen einer Ehe angenommen. Diese Voraussetzungen sind nothwendig, ohne sie würden die betreffenden Verträge gegenstandslos sein. Auch sie werden als „causae" bezeichnet. Ist nun die Schuld, die Ehe in Wirklichkeit nicht vorhanden, so kommt deshalb der auf dieser irrigen Voraussetzung beruhende Uebergabevertrag nichts desto weniger zu Stande, es ist also eine „causa traditionis" in diesem Sinne vorhanden; da aber auch die Schuld, die Ehe als „causae dandi" bezeichnet werden, so ist im letztern Sinne die Uebergabe ohne „causa" geschehen. Dies sind die Fälle der condictio indebiti, der condictio sine causa. Rechtlich stehen hiermit die Fälle gleich, wo unter der Voraussetzung übergeben wird, dass später ein gewisses Ereigniss eintreten soll, mag dieses Ereigniss eine Gegenleistung des Empfangenden oder sonst etwas sein. Dasselbe heisst ebenfalls „causa": wenn es nicht eintritt, so ist zwar der Uebergabevertrag auch hier gültig, aber die „causa" in dem Sinne der bei der Uebergabe gemachten Voraussetzung ist nicht eingetreten, und der Geber hat eine condictio causa data causa non secuta.

Endlich kann „causa" jeden Beweggrund des Gebers zur Uebergabe bezeichnen. Der Beweggrund ist zwar für den Uebergabevertrag an sich gleichgültig, begründet auch in der Regel keine condictio, wird aber doch in einzelnen Fällen bedeutsam. Er ist sehr verschiedener Art: der

15) z. B. § 11 J. R. D. 2. 1.

Schenkende will vielleicht vergangene Dienste belohnen, vielleicht sich den Beschenkten für die Zukunft verpflichten. Auch kann der Uebergebende zum Abschluss des Uebergabevertrages durch Drohungen bewogen worden sein, und in diesem Sinne gebraucht z. B. Ulpian den Ausdruck „metus causa tradere." [16]

Es ist nicht meine Absicht die verschiedenen Bedeutungen des Wortes „causa" im Einzelnen zu verfolgen. Nur soll darauf aufmerksam gemacht werden, dass in einigen Stellen „causa" in der Bedeutung von Beweggrund dem Worte „res" in der Bedeutung der von den Parteien bei dem betreffenden Rechtsgeschäfte gemachten Voraussetzungen gegenübergestellt wird. So unterscheidet Pomponius: [17]

Damus aut ob causam aut ob rem: ob causam praeteritam, ueluti cum ideo do, quod aliquid a te consecutus sum uel quia aliquid a te factum est, ut, etiamsi falsa causa sit, repetitio eius pecuniae non sit; ob rem uero datur, ut aliquid sequatur, quo non sequente repetitio competit.

In demselben Sinne gebraucht Paulus das Wort „causa," indem er ausführt, dass nach einem aus irrthümlichen Beweggründen abgeschlossenen Uebergabevertrage nicht eine condictio möglich ist: [18]

Id quoque quod ob causam datur, puta quod negotia mea adiuta ab eo putaui, licet non sit factum, quia donari uolui, quamuis falso mihi persuaserim, repeti non posse.

Dagegen heisst es weiter unten: [19]

---

16) l. 9 § 5 D. Q M. C. 4. 2.
17) l. 52 D. cond. ind. 12. 6.
18) l. 65 § 2 D. cond. ind. 12. 6.
19) l. 65 § 4 D. cond. ind. 12. 6.

Quod ob rem datur ex bono et aequo habet repetitionem: ueluti si dem tibi, ut aliquid facias, nec feceris.[20] Was hier „res" genannt ist, wird aber an andern Stellen auch wieder als „causa" bezeichnet; und wenn die „res" nicht erfolgt, so wird die Sache mit der condictio causa data causa non secuta zurückgefordert. Dies eine Beispiel zeigt bereits genügend, wie die Bedeutung des Wortes „causa" schwankt. Hier kommt es namentlich in Betracht, in so fern es den Uebergabevertrag bezeichnet. Den ersten Anlass, die einzelnen Arten des Uebergabevertrages festzustellen, gab vielleicht die publicianische Klage. Der Prätor sagt:[21]

Si quis id quod traditur ex iusta causa non a domino et nondum usucaptum petet, iudicium dabo.

Als „iustae causae" bezeichnet Ulpian abgesehen vom Kaufe die Uebergabe „dotis nomine" oder „ex causa iudicati."[22] Hierzu fügt Paulus die Uebergabe „soluendi causa"[23] und endlich Ulpian die Uebergabe „ex causa noxae deditionis," indem er dabei bemerkt: „siue uera causa sit siue falsa."[24] Dieser letzte Zusatz zeigt den bereits ausgeführten Unterschied der einzelnen Bedeutungen des Wortes „causa": er würde dem Verlangen des Prätors, dass der Kläger eine „iusta causa traditionis" haben soll, widersprechen, wenn „causa" beide Male in derselben Bedeutung gebraucht wäre. Aber der Prätor verlangte einen gültigen Uebergabevertrag, Ulpian erklärte, dass es nicht schadet, wenn die Voraus-

---

20) vgl. auch l. 1 pr. D. cond. ob turp. caus. 12. 5.
21) l. 1 pr. D. Publ. 6. 2. Ulp.
22) l. 3 § 1 D. Publ. 6. 2.
23) l. 4 D. Publ. 6. 2.
24) l. 5 D. Publ. 6. 2.

setzung, in welcher die Parteien jenen Uebergabevertrag
abgeschlossen haben, eine irrige ist. Die Publiciana wird
hiernach durch Zahlung oder Uebergabe wegen noxa auch
dann erworben, wenn eine Schuld oder eine noxa in Wirklichkeit nicht besteht.

Der Kauf steht also, was seine dinglichen Wirkungen
betrifft, dem Zahlungsvertrage gleich. Er ist ebenso wie
dieser ein Uebergabevertrag, d. h. die Parteien sprechen
in ihm bereits ihren animus accipiendi bez. transferendi dominii aus. Deshalb wird er auch überall in Bezug auf
seine dingliche Wirksamkeit mit der Schenkung und dem
Mitgiftsvertrag zusammengestellt.[25]

Aus demselben Grunde ist es zu erklären, dass es
wohl einen titulus pro emptore, nicht aber einen titulus
pro stipulato u. dgl. giebt. Denn in der Stipulation wird
nicht schon eine Uebergabeerklärung abgegeben; man überträgt nicht die Sache, sondern verspricht nur zu übertragen.
Der dingliche Vertrag wird erst in der auf Grund der Stipulation vorgenommenen Zahlung abgeschlossen: die Uebergabe erfolgt also nicht stipulationis, sondern solutionis causa.
Allerdings ist die Stipulation in einem andern Sinne doch
die „causa" der Uebergabe: sie ist die rechtliche Voraussetzung, welche die Parteien bei dem Abschluss des Uebergabevertrages machten.

Auf diese Weise erklärt es sich, dass der titulus pro
emptore neben dem titulus pro soluto erwähnt wird, da
sonst in der Uebergabe auf Grund eines Kaufes auch nur
eine Zahlung zu sehen wäre, so dass dadurch ein titulus
pro soluto begründet werden müsste.

---

25) S. meine Abhandlung: ein Beitrag zur Lehre vom Kaufe, Sepa-
ratabdr. aus Iherings Jahrb. f. Dogm. XIV. N. F. II. S. 58 ff.

Vor Justinian nahm unter den dinglichen Verträgen die mancipatio eine eigenthümliche Stellung ein. Sie war, wie schon ihre Form zeigt, ihrem Ursprunge nach ein in feierlicher Weise abgeschlossener Kauf; in späterer Zeit wurde sie aus einem wirklichen Kaufe ein fingirter (imaginaria uenditio),[26] und man wendete sie nunmehr an, um quiritarisches Eigenthum zu übertragen, nicht nur, wo die Uebertragung Verkaufs halber, sondern auch, wo sie aus andern Gründen z. B. Schenkungs halber geschah. Die auf uns gekommenen Urkunden gebrauchen daher die Worte: „fiduciae causa mancipio accepit,"[27] „donationis causa mancipio accepit,"[28] „donationis causa mancipauit."[29] Streng genommen waren bei einer Manzipation zwei dingliche Verträge vorhanden, ein ernst gemeinter und ein fingirter (imaginaria uenditio). Deshalb heisst es auch in andern Urkunden „donationis mancipationisque causa . . . . mancipio dedit"[30] „donauit . . . . mancupauitque."[31]

Ausser den dinglichen Verträgen giebt es noch die Titel pro derelicto, pro legato und pro herede, sowie eine Menge sehr verschiedenartiger Fälle, welche unter dem Titel pro suo zusammengefasst werden. Es gehören dazu alle dinglichen Verträge, welche keine besondere Bezeichnung haben, z. B. alle Uebergabeverträge zum Zweck einer künftigen Gegenleistung, ferner die Besitzergreifung solcher Sachen, welche ihrer Natur nach herrenlos gefunden werden,[32] u. s. w.

---

26) Gaius I, 113—119.
27) Bruns fontes S. 131.
28) Donatio Fl. Artemidori Bruns a. a. O. S. 133.
29) Bruns a. a. O. S. 135 No. 3.
30) Donatio Statiae Irenes Bruns a. a. O. S. 134.
31) Bruns a. a. O. S. 135 No. 1.
32) l. 2 D. pro suo 41. 10 Paul.

Der Besitz pro herede bedarf einer besonderen Erwähnung. Der possessor pro emptore, pro donato, pro legato besitzt als Käufer, als Beschenkter, als Vermächtnissnehmer, er stützt sich auf einen gültigen Uebergabevertrag oder auf ein gültiges Vermächtniss;[33] der possessor pro herede besitzt anstatt des Erben: zur Begründung des Titels wird erfordert, dass die Sache eine vom wahren Erben noch nicht in Besitz genommene Erbschaftssache, nicht aber, dass der Besitzergreifende wirklich Erbe ist.

Ulpian sagt bei Gelegenheit der Erbschaftsklage:[34]

Pro herede possidet qui putat se heredem esse. sed an et is qui scit se heredem non esse pro herede possideat, quaeritur: et Arrianus libro secundo de interdictis putat teneri, quo iure nos uti Proculus scribit. sed enim et bonorum possessor pro herede uidetur possidere.

In späterer Zeit wird für „causa possessionis" der Ausdruck „titulus" gebräuchlich. Man unterschied wie früher iustae und iniustae causae, so jetzt iusti[35] oder ueri[36] und iniusti tituli, indem man im letztern Falle auch wohl von einem titulus pro possessore sprach.

Ulpian sagt:[37]

Omnibus etiam titulis hic pro possessore haeret et quasi iniunctus est. denique et pro emptore titulo haeret: nam si a furioso emero sciens, pro possessore possideo. item in titulo pro donato quaeritur, an quis pro possessore possideat, utputa uxor uel maritus: et placet nobis Iuliani

---

33) l. 1 D. pro legato 41. 8.
34) l. 11 pr. D. H. P. 5. 3.
35) z. B. l. 24 C. p. her. 2. 33. l. 4 C. praescr. long. témp. 7. 33. l. 4 D. si qu. ig. r. m. f. 5. 73. Diocl. et Max.
36) l. 5 C. praescr. long. temp. 7. 33. Diocl. et Max.
37) l. 13 § 1 D. H. P. 5. 3.

sententia pro possessore possidere eum, et ideo petitione hereditatis tenebitur. item pro dote titulus recipit pro possessore possessionem, utputa si a minore duodecim annis nupta mihi quasi dotem sciens accepi. et si legatum mihi solutum est ex falsa causa scienti, utique pro possessore possidebo.

Ulpian will zeigen, dass ein scheinbarer dinglicher Vertrag in Wirklichkeit nichtig sein kann, und dass dann nicht auf Grund jenes dinglichen Vertrages, sondern ohne rechtmässigen Grund (pro possessore) besessen wird. Der Kauf von einem Wahnsinnigen ist kein Kauf, die Schenkung unter Ehegatten ist nach gesetzlicher Vorschrift nichtig: der Erwerber besitzt auf Grund eines solchen Vertrages nicht als Käufer (pro emptore) oder als Beschenkter (pro donato), sondern unrechtmässig (pro possessore). Ein gültiger dinglicher Vertrag kommt auch nicht zu Stande, wenn jemand Sachen, welche zur Bestellung einer Mitgift oder zur Zahlung gegeben werden, annimmt, obwohl er weiss, dass eine Ehe oder eine Schuld nicht besteht, weil er dann nicht in Wirklichkeit den Willen haben kann zur Mitgift oder zur Zahlung zu empfangen.

Hermogenian stellt bei der Frage nach der Klage der Vermächtnissnehmer die Titel pro herede und pro possessore den Titeln pro emptore, pro dote und pro donato sowie allen andern Titeln gegenüber:[38]

Qui omissa causa testamenti pro emptore uel pro dote uel pro donato siue alio quolibet titulo exceptis pro herede et pro possessore possideat hereditatem, a legatariis et fideicommissariis non conuenitur.[39]

---

38) l. 30 D. si quis om. caus. test. 29. 4.

39) Besonders häufig ist der titulus donationis, er wird z. B. erwähnt: l. 10 C. don. i. u. e. u. 5. 16. Antonin. l. 23 C. i. u. e. u. 5. 16. Diocl. et Max. l. 3 C. si mai. fact. al. 5. 74. Justinian. ebenso in

Der Ausdruck „titulus" wird auch da gebraucht, wo
es sich um die Unterscheidung der einzelnen Veräusserungs-
verträge handelt. So bestimmten Diocletian und Maximian: [40]
„non omni titulo res pupilli potestatem alienandi tutores
habent," und machten in Folgendem namentlich einen Unterschied zwischen Kauf und Schenkung. [41]

Der Titel ist der Inbegriff derjenigen Thatsachen, durch
welche der Besitz erworben wird, soweit sie rechtlich von
Bedeutung sind; er ist ein rechtmässiger (iustus), wenn
jene Thatsachen zur Rechtfertigung des Besitzes genügen.
Der rechtmässige Titel (titulus iustus) ist also der Inbegriff
derjenigen Thatsachen, welche den darauf gegründeten Besitz als einen rechtmässigen charakterisiren. Solche Thatsachen sind dingliche Verträge mit darauf folgender Uebergabe (titulus pro emptore, pro donato, pro dote, pro soluto), ferner Erbfall (titulus pro herede), Vermächtniss
(titulus pro legato), sowie Aufgabe der Sache durch den
bisherigen Besitzer (titulus pro derelicto) u. s. w. Auf
Grund dieser Thatsachen wird unter gewissen Voraussetzungen unmittelbar Eigenthum, unter andern die Mög-

l. 12 C. don. 8. 54. Diocl. et Max. l. 15 C. don. 8. 54. Diocl. et Max.
l. 8 C. renoc. don. 7. 57. Const. und Constans, ferner mit dem titulus
pro emptore auch empti genannt in: l. 1 C. patr. qui fil. diatr. Diocl.
et Max. l. 3 pr. C. quad. praescr. 7. 37. Justinian ſl. 8 C. praescr.
triginta. 7. 39 Justinian. Der titulus uenditionis oder emptionis oder
empti findet sich: l. 2 D. distr. pign. 20. 5. Pap. l. 7 C. C. E. 3. 38.
Diocl. et Max. l. 16 C. resc. uend. 4. 44. Ual. Theod. Arc. Ein titulus
permutationis findet sich l. 4 C. res. perm. 4. 69. Diocl. et Max. Von
einem Titel wird auch bei dem Gewahrsam gesprochen, ein titulus con-
ductionis wird an mehreren Stellen erwähnt, z. B. l. 25 C. loc. 4. 25.
Diocl. et Max.
    40) l. 16 C. adm. tut. 5. 37.
    41) Justinian sagt in l. 3 pr. C. quad. praescr. 7. 37: qui ex nostro
aerario donationis uel emptionis uel cuiuslibet alienationis titulo quid-
quam accipiunt.

lichkeit der Ersitzung erworben; ohne einen gültigen Titel ist nie unmittelbarer Eigenthumserwerb und nur ausnahmsweise Ersitzung möglich.

Diese Sätze weichen von den bisherigen Ansichten bedeutend ab. Man hat stets unter „causa traditionis" die Voraussetzung verstanden, welche die Parteien bei Abschluss des Uebergabevertrages machen, also bei einer Zahlung die Schuld, bei einem Mitgiftsvertrage die Ehe. In Folge dessen hielt man, da die Quellen so nachdrücklich eine „causa traditionis" fordern, die so vorausgesetzte Thatsache für einen wesentlichen Bestandtheil des Titels, und die ältere Ansicht, welche bis zu Anfang dieses Jahrhunderts die herrschende war, erklärte dieselbe in gleicher Weise für nöthig, mochte es sich um unmittelbaren Eigenthumserwerb oder um die Möglichkeit der Ersitzung handeln.[42]

Die Unhaltbarkeit dieser Ansicht wurde zunächst für den unmittelbaren Eigenthumserwerb erkannt. Eine condictio wird nur da gegeben, wo ein Eigenthumsübergang bereits erfolgt und die Eigenthumsklage nicht mehr möglich ist; unter diesen Umständen ist aber die condictio indebiti, die condictio sine causa der deutlichste Beweis, dass die in einer irrigen Voraussetzung erfolgte Uebergabe Eigenthum überträgt, weil jene Kondiktionen sonst nicht mehr nöthig wären. Man sah sich hierdurch gezwungen diejenigen Stellen, welche eine „causa traditionis" zum Eigenthumsübergange fordern, so gut oder so schlecht es gehen wollte, anders zu erklären. Nachdem dies geschehen war, forderte man, da die Quellen von dem Uebergabevertrag sonst nichts sagen, zum Eigenthumsübergange nur

42) Glück Pandekten Bd. 8. Siehe auch § 5 und § 9.

den sogenannten „animus transferendi bez. accipiendi domini."[43]

Für die Ersitzung wagte man indessen noch nicht ein Gleiches zu thun: zu deutlich und zu zahlreich waren die Stellen, welche hier eine „causa" forderten. Aber ebenso deutlich wurde andererseits in den Quellen gesagt, dass die Ersitzung auf Grund einer Zahlung möglich ist, auch wenn die von den Parteien vorausgesetzte Schuld in Wirklichkeit nicht bestanden hat, und was den Mitgiftsvertrag betrifft, so liegt wenigstens eine Entscheidung vor, welche die Ersitzung trotz der Ungültigkeit der Ehe gestattet.

Die Meinung, dass die von den Parteien beim Uebergabevertrage vorausgesetzte Thatsache wirklich vorhanden sein müsse, wäre überhaupt nie möglich gewesen, wenn man nicht den Kauf der Stipulation gleichgestellt hätte. Da bei Uebergabe auf Grund eines Kaufes der Kauf gültig sein soll, so glaubte man auch bei Uebergabe auf Grund einer Stipulation die Gültigkeit der Stipulation fordern zu müssen. Wenn nun trotzdem die Quellen zwischen Kauf und Stipulation einen grundsätzlichen Unterschied machen und bei Uebergabe zur Erfüllung einer Stipulation von einem titulus pro soluto sprechen, für welchen die Gültigkeit der Stipulation gleichgültig ist, so konnte man nicht umhin den sogenannten Putativtitel bei Zahlungen grundsätzlich für zulässig zu erklären. Ebenso musste man bei Uebergabe zur Bestellung einer Mitgift einen Putativtitel annehmen, wenn die betreffende Ehe ungültig war.

So sehr auch das Gebiet des unregelmässigen Titels hierdurch gewachsen war, so sollte es sich doch noch mehr erweitern. Gewisse Rechtsgeschäfte, wie das Vermächtniss,

43) S. das Nähere § 2.

haben zunächst den Zweck jemandem Eigenthum zu geben; sie bilden, wenn sie dieses aus irgend einem Grunde nicht können, einen Titel zur Ersitzung. Da nun der unmittelbare Eigenthumserwerb ihr Hauptzweck ist, so haben die Römer vor Allem untersucht, unter welchen Voraussetzungen sie diesen erreichen können, und sie andernfalls für unwirksam erklärt. Man schloss aber daraus, dass sie auch keinen Titel zur Ersitzung geben könnten. Was unter diesen Umständen nicht ausbleiben konnte, geschah. Stintzing[44] stellte sämmtliche Entscheidungen, in denen hiernach ein unregelmässiger Titel vorlag, zusammen und zeigte, dass die von der herrschenden Ansicht angenommenen Regeln in den bei Weitem meisten Fällen von den Römern nicht beachtet wurden. Er zog daraus den Schluss, dass eine „causa" zu einem regelmässigen Titel nicht erforderlich sei. Dabei verhehlte er nicht, dass ihm zahlreiche Stellen widersprechen, glaubte aber, dass dieselben durch ebenso zahlreiche andere Stellen widerlegt würden.[45]

Auf diesem Punkte steht jetzt die Frage. Die Aufgabe dieser Blätter ist es, von einer andern Bedeutung des Ausdrucks „causa traditionis" ausgehend die Erfordernisse des unmittelbaren Eigenthumserwerbes und der Ersitzung zu untersuchen und dabei die auch von der ältern Meinung angenommene Uebereinstimmung zwischen Eigenthumstitel und Ersitzungstitel, wenn auch auf ganz andern Grundlagen, wieder herzustellen.

---

44) Das Wesen von bona fides und titulus in der Usukapionslehre.
45) S. das Nähere § 5.

Erster Abschnitt.

Der Besitztitel bei der Ersitzung.

1. Entwicklung des Besitztitels bei der Ersitzung (§ 2).

Bei der Feststellung derjenigen Thatsachen, welche zum rechtmässigen Erwerbe gehören, ging man von der häufigsten Erwerbsart, dem Kaufe, aus. Hierzu traten aber bald andere Erwerbsarten, Schenkung, Mitgiftsvertrag, Vermächtniss, Erbfall u. s. w. Wo man keine besondere Bezeichnung hatte, sprach man von einer Ersitzung pro suo. Die Letztere gab Anlass zu einer Streitfrage, von welcher Ulpian berichtet: [1]

Celsus libro trigensimo quarto errare eos ait qui existimarent, cuius rei quisque bona fide adeptus sit possessionem, pro suo usucapere eum posse; nihil referre, emerit nec ne, donatum sit nec ne, si modo emptum uel donatum sibi existimauerit, quia neque pro legato neque pro donato neque pro dote usucapio ualeat, si nulla donatio, nulla dos, nullum legatum sit. idem et in litis aestimatione placet, ut, nisi uere quis litis aestimationem subierit, usucapere non possit.

Einige Rechtsgelehrte führten aus, wenn man eine Sache in dem irrthümlichen Glauben besitze sie gekauft oder durch Schenkung, Mitgiftsvertrag oder Vermächtniss erhalten zu haben, so könne man sie allerdings nicht als Käufer, Beschenkter, Mitgifts- oder Vermächtnissnehmer (pro emptore, donato, dote, legato) ersitzen, aber man habe sie jedenfalls als redlicher Besitzer (pro suo) und ersitze

---

[1] l. 27. D. usurp. 41. 3.

als solcher. Im Grunde komme also nichts darauf an, ob der Kauf, die Schenkung, der Mitgiftsvertrag oder das Vermächtniss gültig sei oder nicht, wenn man nur in redlicher Meinung (bona fide) erworben habe. Diese Ansicht missbilligte schon Celsus. Der Ausdruck „pro suo" wurde von ihren Anhängern eben missverstanden. „Possidere pro suo" heisst nicht in der Meinung Eigenthümer zu sein besitzen, sondern vielmehr aus einem rechtmässigen Grunde besitzen. Es sind uns auch zwei Stellen in den Pandekten erhalten, deren ursprünglicher Sinn gewiss der Ansicht entsprach, welche Celsus bekämpfte. Sie lassen sogar darauf schliessen, dass dieselbe gegen die Mitte des zweiten Jahrhunderts eine sehr grosse Verbreitung hatte.

Neratius sagt:[2]

Sed id quod quis, cum suum esse existimaret, possederit usucapiet, etiamsi falsa fuerit eius existimatio. quod tamen ita interpretandum est, ut probabilis error possidentis usucapioni non obstet, neiuti si ob id aliquid possideam, quod seruum meum aut eius cuius in locum hereditario iure successi emisse id falso existimem, quia in alieni facti ignorantia tolerabilis error est.

Die Ansicht, dass derjenige Besitzer, welcher sich für den Eigenthümer hält, ersitzt, wird hier ganz allgemein ausgesprochen und nur insofern eingeschränkt, als der Irrthum zu billigen (probabilis) sein soll. Ein solcher Irrthum ist es nach der Ansicht des Neratius, wenn jemand eine Sache auf Grund eines von seinem Sklaven abgeschlossenen Kaufes zu besitzen glaubt, weil es sich um ein Rechtsgeschäft einer andern Person handelt. Neratius stellt also gewissermassen eine Mittelansicht zwischen den beiden

---

2) l. 5 D. pro suo 41. 10.

streitenden Ansichten auf, von denen die eine jede Ersitzung ohne einen an sich rechtmässigen Besitzerwerb für
unmöglich erklärt, die andere dagegen die Rechtmässigkeit
des Erwerbes selbst für gleichgültig hält, wenn nur der
Ersitzende rechtmässig erworben zu haben glaubt.

Diese vermittelnde Richtung hat auch African bezüglich der Ersitzung auf Grund eines Kaufes denjenigen
gegenüber vertreten, welche immer einen an sich rechtmässigen Besitzerwerb verlangen. Er führt ebenfalls als
Beispiel den Kauf eines Sklaven oder Beauftragten an: [3]

Quod uulgo traditum est eum qui existimat se quid
emisse nec emerit non posse pro emptore usucapere, hacte-
nus uerum esse ait, si nullam iustam causam eius erroris
emptor habeat: nam si forte seruus uel procurator cui
emendam rem mandasset, persuaserit ei se emisse atque
ita tradiderit, magis esse, ut usucapio sequatur.

Auf derselben Meinung beruht eine Stelle von Pomponius, welche bestimmt, dass der Erbe fremde Sachen ersitzen kann, die er für Erbschaftssachen hält: [4]

Plerique putaverunt, si heres sim et putem rem aliquam
ex hereditate esse quae non sit, posse me usucapere.

Der Fall rechtfertigt sich durch denselben Grund,
welchen schon Neratius anführte, dass Irrthümer über fremde
Handlungen berücksichtigt werden.

Die strengere Meinung ist endlich durchgedrungen.
Wir sahen bereits, dass Ulpian es billigte, wenn Celsus
überall einen an sich rechtmässigen Besitzerwerb verlangt.
Auch wird uns dies für die einzelnen Erwerbsarten in
vielen Stellen bestätigt. [5] Ebenso haben Diocletian und

---

3) l. 11 D. pro emptore 41. 4.
4) l. 3 D. pro herede 41. 5.
5) Siehe § 3 und § 4.

Maximian mit aller Schärfe den Satz ausgesprochen, dass
ohne rechtmässigen Titel weder unmittelbar noch durch
Ersitzung Eigenthum erlangt werden kann:[6]

Nullo iusto titulo praecedente possidentes ratio iuris
quaerere dominium prohibet. idcirco cum etiam usucapio
cesset, intentio dominii non absumitur.[7]

Insbesondere versagten sie die Ersitzung von fremden
Sachen, welche für Erbschaftssachen gehalten werden, weil
hier kein rechtmässiger Titel vorliegt:[8]

Usucapio non praecedente uero titulo procedere non
potest, nec prodesse neque tenenti neque heredi eius potest,
nec obtentu uelut ex hereditate quod alienum fuit dominii
intentio ullo longi temporis spatio absumitur.

Die Kompilatoren haben sich dieser Richtung angeschlossen, sie sagen in den Institutionen:[9]

Iure ciuili constitutum fuerat, ut qui bona fide ab eo
qui dominus non erat, cum crediderit eum dominum esse,
rem emerit uel ex donatione aliaue qua iusta causa acceperit, is eam rem .... usucapiat, ne rerum dominia in
incerto essent.

Die mildere Meinung verwerfen sie ausdrücklich und
betonen, dass nur auf Grund eines gültigen Kaufes, einer
gültigen Schenkung ersessen werden kann:[10]

Error autem falsae causae usucapionem non parit,
ueluti si quis, cum non emerit, emisse se existimans possideat, uel cum ei donatum non fuerat, quasi ex donatione
possideat.

---

6) l. 24 C. R. U. 3. 32.
7) Ebenso l. 3 C. usuc. pro don. 7. 27.
8) l. 4 C. usuc. pro her. 7. 29.
9) pr. J. usuc. 2. 6.
10) § 11 J. usuc. 2. 6.

Diese Meinung hatte grosse Härten zur Folge und würde
streng durchgeführt den ursprünglichen Zweck der Ersitzung
der Rechtsunsicherheit über das Eigenthum zu steuern ver-
eitelt haben. Wenn der Erwerb in irgend einer Beziehung
mangelhaft war, so konnte der redliche Besitzer nie ersitzen.
In einem Falle, in welchem dies besonders unbillig erschien,
hat daher schon Paulus eine Ersitzung gegen die Regel
zugelassen. Er sagt über den mit einem Wahnsinnigen
abgeschlossenen Kauf: [11]

Si a furioso quem putem sanae mentis emero, constitit
usucapere utilitatis causa me posse, quamuis nulla esset
emptio, et ideo neque de euictione actio nascitur mihi nec
Publiciana competit nec accessio possessionis. [12].

Er hebt ausdrücklich hervor, dass der Kauf nichtig ist,
und dass man die Ersitzung nur aus praktischen Gründen
(utilitatis causa) zugelassen hat. Auch Ulpian billigt das.[13]
Ausserdem giebt es noch einen Fall der unregelmässigen
Ersitzung, welcher von Hermogenian aufgestellt ist: das
ungültige Vermächtniss (non iure legatum).

Wenn nun ausserdem die oben angeführten Stellen von
Neratius und African von den Kompilatoren aufgenommen
sind, so müssen diese einen anderen Sinn damit verbunden
haben, als die Verfasser selbst. Denn vergleicht man sie
mit den soeben besprochenen Stellen, welche grundsätzlich
einen gültigen Titel erfordern, so kann man sie nur als
Ausnahme von dieser Regel auffassen. Sie bedeuten demnach im Sinn der Kompilatoren, dass auch ohne einen voll-
ständigen Titel eine Ersitzung eintritt, wenn der Erwerber

---

11) l. 2. § 16 D. pro emptore 41. 4.
12) l. 13 D. usurp. 41. 3.
13) l. 7 § 2 D. Publ. 2. 6.

irrthümlich einen Titel zu haben glaubte, und wenn dieser Irrthum gerechtfertigt (probabilis) war. Da dies aber eben eine Ausnahme ist, so wird man eine solche Ersitzung nur in besonderen Fällen zulassen dürfen. Als Beispiele solcher Fälle haben wir den mit einem Wahnsinnigen abgeschlossenen Kauf und das ungültige Vermächtniss; ferner ist die Ersitzung möglich, wenn der mit dem Abschluss eines Kaufes Beauftragte den Herrn fälschlich überredete, dass dies geschehen sei. Im Folgenden werden wir von diesen ganz vereinzelten Fällen absehen und nur vom regelmässigen Titel sprechen. Zunächst sollen die dinglichen Verträge (§ 3) und dann die selbstständige Besitzergreifung (§ 4) behandelt werden.

Festzuhalten ist aber, dass der Erwerb regelmässig auf gültige rechtliche Thatsachen gestützt sein muss, und dass es nicht hinreicht, wenn der Erwerber irrthümlich glaubt rechtmässig erworben zu haben. Es ist daher nicht richtig, wenn Savigny[14] den Titel als einen „solchen Anfang des Besitzes" erklärt, „welcher zwar kein Eigenthum giebt — denn sonst bedürfte es keiner ergänzenden Usukapion — wohl aber zu geben scheint." Einerseits genügen nicht scheinbare, sondern nur vollkommen gültige Rechtsgeschäfte, andrerseits aber ist es durchaus nicht immer nöthig, dass diese scheinbar schon Eigenthum geben. Der Erwerber kann sehr wohl wissen, dass er nicht Eigenthümer wird, wenn ihm nur keine Unredlichkeit zur Last fällt. Im ältern Rechte diente die Ersitzung gerade dazu, um den unentziehbaren Besitz („bonitarisches Eigenthum") in echtes Eigenthum zu verwandeln, und niemand wird glauben, dass der Ersitzende sich schon vor der Ersitzung für den Eigen-

---

14) System des heutigen römischen Rechts, Bd. III, S. 372.

thümer halten musste. Aber auch im neueren Rechte kommen noch Fälle vor, wo in dem Bewusstsein, dass man kein Eigenthum empfängt, keine Unredlichkeit liegt und daher die Ersitzung erfolgt. [15]

2. Die dinglichen Verträge als Titel (§ 3).

Paulus sagt: [1]

Pro emptore possidet qui re uera emit nec sufficit tantum in ea opinione esse eum, ut putet se pro emptore possidere, sed debet etiam subesse causa emptionis. si tamen existimans me debere tibi ignoranti tradam, usucapies.

quare ergo et si putem me uendidisse et tradam, non capies usu? scilicet quia in ceteris contractibus sufficit traditionis tempus, sic denique si sciens stipuler rem alienam, usucapiam, si, cum traditur mihi, existimem illius esse. at in emptione et illud tempus inspicitur quo contrahitur: igitur et bona fide emisse debet et possessionem bona fide adeptus esse.

Nach dem bereits in der Einleitung Gesagten macht die Erklärung dieser Stelle keine weitere Schwierigkeit: Kauf und Zahlungsvertrag bilden die Grundlage der Uebergabe (causa traditionis), nicht aber die Stipulation; jene sind selbst Uebergabeverträge und daher Erwerbshandlungen, diese ist nur eine Thatsache, welche die Parteien beim Abschluss des Uebergabevertrages (Zahlungsvertrages) voraussetzen. Aus demselben Grunde muss ein gleicher Unterschied bei der Frage nach der Redlichkeit (bona fides)

---

15) Siehe z. B. l. 28 D. nox. act. 9. 4.

1) l. 2 pr. D. pro emptore 41. 4.

des Erwerbers gemacht werden. Der Verkäufer erklärt zu
übergeben, der Käufer anzunehmen. Weiss der letztere,
dass die verkaufte Sache eine fremde ist, so liegt in seiner
Erklärung sie annehmen zu wollen eine Unredlichkeit (mala
fides), und er kann daher nicht ersitzen. Dasselbe gilt von
demjenigen, welcher eine fremde Sache wissentlich von
einem andern als dem Eigenthümer zur Zahlung empfängt.
In der Stipulation wird dagegen nur versprochen zu
übergeben, der Versprechende behält Zeit sich das Verfügungsrecht über die Sache erst zu verschaffen, wenn er
es noch nicht hat: in dem Versprechen einer fremden Sache
und in der Annahme eines solchen Versprechens liegt noch
keine Unredlichkeit.[2]

Aehnlich führt Paulus den Unterschied zwischen Stipulation und Kauf an einer andern Stelle aus:[3]

Si existimans debere tibi tradam, ita demum usucapio
sequitur, si et tu putes debitum esse. aliud si putem me
ex causa uenditi teneri et ideo tradam: hic enim, nisi
emptio praecedat, pro emptore usucapio locum non habet.
diuersitatis causa in illo est, quod in ceteris causis solutionis tempus inspicitur neque interest, cum stipulor, sciam
alienum esse nec ne: sufficit enim me putare tuum esse,
cum soluis: in emptione autem et contractus tempus inspicitur et quo soluitur: nec potest pro emptore usucapere
qui non emit nec pro soluto sicut in ceteris contractibus.[4]

Also bei einem Kaufe ersitzt man auf Grund des
Kaufes selbst, bei allen andern verpflichtenden Verträgen
(contractus) auf Grund der Zahlung. Wer irrthümlich glaubt

2) Vgl. Cuiacius comm. ad tit. usurp l. 10 (opera ed. Fabrot I.
114. 9) sowie Pothier comm. pro emptore III.
3) l. 48 D. usurp. 41. 3.
4) Ebenso l. 46 D. usurp. 41. 3. l. 3 D. pro suo 41. 10.

gekauft zu haben, kann weder auf Grund eines Kaufes ersitzen, weil solcher nicht zu Stande gekommen ist, noch auf Grund einer Zahlung, wie bei den übrigen Verträgen. Dies ist wichtig für die beiden Titel, welche uns noch übrig bleiben, die Titel pro donato und pro dote. Wenn sich nämlich jemand in der Absicht verpflichtet zu schenken oder eine Mitgift zu bestellen, und nachher übergiebt, um diese Verpflichtung zu erfüllen, so geschieht die Uebergabe selbst nicht zum Zweck einer Schenkung (donationis causa) oder zur Bestellung einer Mitgift (dotis causa), sondern zum Zweck der Zahlung (soluendi causa): es liegt also ein Titel pro soluto vor. Die Titel pro donato und pro dote sind auf das Handgeschenk (donationis datio) und die Bestellung einer Mitgift durch Uebergabe einer Sache (dotis datio) beschränkt. In diesen Fällen muss der Schenkungs- oder Mitgiftsvertrag gültig abgeschlossen sein.

Ulpian sagt: [5]

Titulus est usucapionis et quidem iustissimus qui appellatur pro dote, ut qui in dotem rem accipiat usucapere possit spatio sollemni quo solent qui pro emptore usucapiunt.

Ebenso sagt Paulus von der Schenkung: [6]

Pro donato is usucapit cui donationis causa res tradita est: nec sufficit opinari, sed et donatum esse oportet.

Nur die Titel auf Grund eines Kaufes, einer Schenkung, eines Mitgiftsvertrages und einer Zahlung haben einen besondern Namen erhalten, alle übrigen dinglichen Verträge gehören unter den Titel pro suo, so namentlich

---

5) l. 1 pr. D. pro dote 41. 9.
6) l. 1 pr. D. pro donato 41. 6.

die Uebergabe zum Zweck einer Gegenleistung (datio ob causam).

Man ist in den Anforderungen an den regelmässigen Titel häufig zu weit gegangen. Wenn der Uebergabevertrag von einem Unmündigen abgeschlossen ist, so kann durch denselben zwar Eigenthum nicht übertragen werden, aber der Vertrag selbst ist gültig, weil der Unmündige willensfähig ist. Man sieht das deutlich bei den zweiseitigen Verträgen: der Unmündige, welcher ebenso wenig sich durch eigene Handlungen verpflichten, wie Veräusserungen vornehmen kann, verpflichtet gleichwohl den andern Theil. Der Vertrag ist also nicht nichtig, sondern nur beschränkt wirksam.[7] Ein solcher an sich gültiger Vertrag giebt daher auch einen gültigen Titel. Für einen von einem Unmündigen abgeschlossenen Kauf hat das Paulus ausdrücklich bestätigt:[8]

Si a pupillo emero sine tutoris auctoritate quem puberem esse putem, dicimus usucapionem sequi, ut hic plus sit in re quam in existimatione: quod si scias pupillum esse, putes tamen pupillis licere res suas sine tutoris auctoritate administrare, non capies usu, quia iuris error nulli prodest.

Wenn die Uebergabe zur Bestellung einer Mitgift geschieht, so setzen die Parteien in gleicher Weise das Bestehen einer Ehe voraus, wie bei der Zahlung das Bestehen einer Schuld. Beruht auch diese Voraussetzung auf einem Irrthum, so ist dennoch der Titel vollständig und der Empfänger ersitzt.

---

7) l. 5 § 1 D. auct. tut. 26. 8. vgl. l. 7 § 1 D. resc. uend. 18. 5.
8) l. 2 § 15 D. pro emptore 41. 4.

Eine Entscheidung von Proculus, welche in die Pandekten aufgenommen ist, bestätigt das: [9]

Proculus nepoti suo salutem. Ancilla quae nupsit dotisque nomine pecuniam uiro tradidit, siue sciat se ancillam esse siue ignoret, non poterit eam pecuniam uiri facere eaque nihilo minus mansit eius cuius fuerat, antequam eo nomine uiro traderetur, nisi forte usucapta est. nec postea quam apud eundem uirum libera facta est, eius pecuniae causam mutare potuit. itaque nec facto quidem diuortio aut dotis iure aut per condictionem repetere recte potest, sed is cuius pecunia est recte uindicat eam. quod si uir eam pecuniam pro suo possidendo usucepit, scilicet, quia existimauit mulierem liberam esse, propius est, ut existimem eum lucrifecisse, utique si, antequam matrimonium esse inciperet, usucepit: et in eadem opinione sum, si quid ex ea pecunia parauit, antequam ea dos fieret, ita, ut nec possideat eam nec dolo fecerit, quo minus eam possideret.

Eine Sklavin verheirathet sich und giebt dem Manne Geld zur Mitgift. Dann geht das Eigenthum des Geldes nicht über, verbleibt vielmehr bei dem bisherigen Herrn, mag die Sklavin sich für frei halten oder nicht. Denn selbst wenn die Sklavin ein peculium hatte, geht ihre Verwaltungsbefugniss doch nicht so weit, dass sie aus demselben schenken oder eine Mitgift bestellen könnte. Wird sie später frei, so ändert das nichts daran: sie selbst hat zur Rückerlangung des Geldes weder eine actio de dote noch eine condictio, weil sie dem Manne keine wirkliche Mitgift bestellt und ihm auch nicht Eigenthum übertragen hat, vielmehr behält der bisherige Herr des Geldes die

---

9) l. 67 D. iur. dot. 23. 3.

Eigenthumsklage. Da aber der dingliche Vertrag selbst gültig zu Stande gekommen ist, so trägt Proculus mit Recht kein Bedenken die Ersitzung zuzulassen. Wird dieselbe vollendet, ehe die Sklavin die Freiheit erlangt, so hat diese keine Klage zur Rückforderung, und der Mann gewinnt das Geld. Ein Grund hier zu Gunsten des Mannes eine Ausnahme zu machen, wenn ein vollständiger Titel nicht vorhanden wäre, würde nicht vorliegen, der Jurist entscheidet vielmehr offenbar nach der allgemeinen Regel. Wenn Sachen zur Bestellung einer Mitgift für eine künftige Ehe übergeben werden, so sind zwei Fälle möglich. Das Eigenthum an denselben soll entweder sofort oder erst mit Abschluss der Ehe übergehen. Im letzteren Falle liegt eine bedingte Uebergabe vor. Die Ersitzung fängt dann stets von dem Zeitpunkte an, an welchem Eigenthum erworben wäre, wenn die Sachen dem Uebergebenden gehört hätten. Im ersten Fall ist es für die Ersitzung wie für den unmittelbaren Eigenthumserwerb gleichgültig, ob die Ehe abgeschlossen wird. Man ersitzt, da vor der Ehe eine Mitgift und demgemäss eine Ersitzung pro dote nicht denkbar ist, pro suo. Soll dagegen das Eigenthum erst mit Abschluss der Ehe übergehen, so hängt auch die Ersitzung von derselben Bedingung ab: sie findet nicht statt, wenn die Ehe nicht in gültiger Weise zu Stande kommt, selbst wenn der Mann das Gegentheil glaubt. In diesem Sinne ist eine Stelle von Ulpian zu verstehen, welche man allerdings oft aus dem Zusammenhange gerissen und dann so ausgelegt hat, als ob ohne gültige Ehe eine Ersitzung auf Grund eines Mitgiftsvertrages nicht möglich sei. Sie lautet: [10]

---

10) l. 1 § 2 — 4 D. pro dote 41. 9.

Et primum de tempore uideamus, quando pro dote quis usucapere possit, utrum post tempora nuptiarum an uero et ante nuptias. est quaestio uolgata, an sponsus possit (hoc est qui nondum maritus est) rem pro dote usucapere. et Julianus inquit, si sponsa sponso ea mente tradiderit res, ut non ante eius fieri uellet, quam nuptiae secutae sint, usu quoque capio cessabit: si tamén non euidenter id actum fuerit, credendum esse id agi Julianus ait, ut statim res eius fiant et, si alienae sint, usucapi possint: quae sententia mihi probabilis uidetur. ante nuptias autem non pro dote usucapit, sed pro suo. constante autem matrimonio pro dote usucapio inter eos locum habet inter quos est matrimonium: ceterum si cesset matrimonium, Cassius ait cessare usucapionem, quia et dos nulla sit. idem scribit, etsi putauit maritus esse sibi matrimonium, cum non esset, usucapere eum non posse, quia nulla dos sit: quae sententia habet rationem.

Noch bleibt ein Fall der Schenkung zu erörtern. Die Schenkung eines Haussohns, welcher sich für selbstständig hält, giebt die Möglichkeit der Ersitzung. Neratius sagt das in folgender Stelle:[11]

Si extraneus rem uiri ignorans eius esse ignoranti uxori ac ne uiro quidem sciente eam suam esse donauerit, mulier recte eam usucapiet. idemque iuris erit, si is qui in potestate uiri erat credens se patrem familias esse uxori patris donauerit. sed si uir rescierit suam rem esse, priusquam usucapiatur, uindicareque eam poterit nec uolet et hoc et mulier nouerit, interrumpetur possessio, quia transiit in causam ab eo factae donationis. ipsius mulieris scientia propius est, ut nullum adquisitioni dominii eius adferat im-

---

11) l. 44 D. d. don. i. u. e. u. 24. 1.

pedimentum: non enim omnimodo uxores ex bonis uirorum, sed ex causa donationis ab ipsis factae adquirere prohibitae sunt.

Es ist die Frage, ob eine Schenkung unter Ehegatten im römischen Sinne vorliegt. Die Römer erklärten Schenkungen unter Ehegatten für nichtig und dehnten diese Vorschrift auch auf solche Personen aus, welche mit einem der Ehegatten durch ein Gewaltverhältniss verbunden sind.[12] Sie gaben als Grund dafür an, man wolle verhindern, dass jemand sich durch das nahe Verhältniss mit der zu beschenkenden Person bewegen lasse diese auf seine Kosten zu bereichern;[13] es könne die eheliche Eintracht gestört werden, wenn ein Ehegatte sich weigere zu schenken, obgleich dies gesetzlich möglich sei.[14] Zur Schenkung unter Ehegatten gehört hiernach, dass jenes nahe Verhältniss der Beweggrund dazu ist, die äussere Thatsache, dass etwas aus dem Vermögen des einen Ehegatten in das des andern durch Schenkung übergeht, genügt nicht, wenn der Schenkende sich seines Verhältnisses zum Beschenkten nicht bewusst ist. Solche Schenkungen sind daher gültig. Dass dies in der That die Auffassung der Römer ist, zeigt die angeführte Entscheidung des Neratius deutlich. Derselbe stellt die Schenkung des Haussohns, welcher sich für selbstständig hält, während er in der That als Haussohn kein eigenes Vermögen hat, also die Sache seines Vaters verschenkt, ausdrücklich der Schenkung gleich, welche ein Fremder dem einen Ehegatten mit einer Sache des andern macht.

---

12) l. 3 § 2 –6 D. don. i. u. c. u. 24. 1.
13) l. 1 D. don. i. u. e. u. 24. 1.
14) l. 2 D. don. i. u. e. u. 24. 1.

Andererseits ist auch nur eine solche Schenkung unter
Ehegatten für nichtig erklärt, durch welche der eine Theil
ärmer und der andere reicher wird:[15]

Cum igitur nihil de bonis erogatur, recte dicitur ualere
donationem. ubicumque igitur non deminuit de facultatibus
suis qui donauit, ualet, uel etiamsi deminuat, locupletior
tamen non fit qui accepit, donatio ualet.[16]

Wenn daher ein Ehegatte dem andern eine fremde
Sache schenkt, so beginnt derselbe sofort zu ersitzen:[17]

Sed et si constante matrimonio res aliena uxori a ma-
rito donata fuerit, dicendum est confestim ad usucapionem
eius uxorem admitti, quia etsi non mortis causa donauerat
ei, non impediretur usucapio, nam ius constitutum ad eas
donationes pertinet, ex quibus et locupletior mulier et pau-
perior maritus in suis rebus fit: itaque, licet mortis causa
donatio interveniat, quasi inter extraneas personas fieri in-
tellegenda est in ea re quae, quia aliena est, usucapi
potest.

3. Die selbstständige Besitznahme (§ 4).

Wie die Uebergabe so kann auch die selbstständige
Besitznahme einen Titel gewähren, wenn sie sich auf gewisse Thatsachen stützt, durch welche sie gerechtfertigt
wird.   Hierher gehört zunächst der Fall, wenn jemand sich
auf Grund eines gültigen Vermächtnisses für den Eigenthümer einer Sache hält.

Das ältere Recht unterschied vier Arten von Legaten:
legata per uindicationem, per damnationem, sinendi modo

15) l. 5 § 16 D. de don. i. u. e. u. 24. 1.
16) Ebenso l. 5 § 4 ibid.
17) l. 25 D. de don. i. u. e. u. 24. 1.

und per praeceptionem.[1] Fitting[2] macht mit Recht darauf aufmerksam, dass nur die legata per uindicationem und per praeceptionem einen titulus pro legato begründen. Die andern Vermächtnisse geben kein Recht an der Sache und helfen daher zur Ersitzung nicht. Erst die Uebergabe, welche zum Zweck ihrer Erfüllung geschieht, begründet einen Titel und zwar einen titulus pro soluto.

Nun konnten aber, so führt Fitting weiter aus, nur solche Sachen per uindicationem und per praeceptionem gültig vermacht werden, welche sich im quiritarischen Eigenthum des Erblassers befanden. „Fehlte es an diesen Voraussetzungen, so war das Legat nicht, wie etwa die schenkungsweise Tradition einer fremden Sache, bloss unwirksam und nicht im Stande dem Legatar das zugedachte Eigenthum sofort zu verschaffen, sondern es ermangelte geradezu der Gültigkeit, des rechtlichen Bestandes." Fitting selbst macht sehr zutreffend einen Unterschied zwischen nichtig (nullum) und unwirksam (inutile). Eine nichtige Handlung ist überhaupt kein Rechtsgeschäft und kann als solches in keiner Weise rechtliche Folgen haben; eine unwirksame Handlung verfehlt wegen irgend welcher Umstände ihren Hauptzweck, ohne dass ihr damit zugleich alle andern rechtlichen Folgen genommen werden. Das von Fitting angeführte Beispiel der Uebergabe einer fremden Sache ist hierfür durchaus zutreffend: eine solche Uebergabe gewährt kein Eigenthum und ist in sofern unwirksam, bildet aber einen gültigen Titel für die Ersitzung. Weshalb nun das legatum per uindicationem, welches sich auf eine fremde Sache bezieht, nicht nur unwirksam, sondern voll-

---

1) § 2 J. leg. 2. 20.
2) Archiv für die ziv. Praxis Bd. 52. S. 28.

kommen nichtig sein soll, ist nicht abzusehen. Aus den Quellen geht das jedenfalls nicht hervor, denn die von Fitting beigebrachten Stellen beweisen nichts.

Gaius sagt:[3]

Eae autem solae res per uindicationem legantur recte quae ex iure Quiritium ipsius testatoris sunt; sed eas quidem quae pondere numero mensura constant placuit sufficere, si mortis tempore sint ex iure Quiritium testatoris, ueluti uinum oleum frumentum pecuniam numeratam; ceteras res uero placuit utroque tempore testatoris ex iure Quiritium esse debere, id est, et quo faceret testamentum et quo moreretur: *alioquin inutile esse legatum.*

Auch in den andern von Fitting angeführten Stellen [4] behandelt Gajus immer nur die Frage, ob das Vermächtniss „utilis" oder „inutilis" sei, den Ausdruck „nullum" gebraucht er nirgends.

Ferner sagt Ulpian:[5]

Per uindicationem *legari possunt* res quae utroque tempore ex iure Quiritium testatoris fuerunt....

Si ea res quae non fuit utroque tempore testatoris ex iure Quiritium per uindicationem legata sit, licet iure ciuili *non ualeat* legatum, tamen senatus consulto Neroniano confirmatur; quo cautum est ut quod minus ratis uerbis legatum est perinde sit, ac si optimo iure legatum esset: optimum autem ius legati per damnationem est.

Alle diese Ausdrücke beweisen nichts für die Nichtigkeit der in Frage stehenden Vermächtnisse. Bezüglich des Wortes „ualere" sei darauf aufmerksam gemacht, dass auch

---

3) Gai. II, 196.
4) Gai. II, 197, 210, 221, 222.
5) Ulp. fragm. XXIV, 7. 11.

von einem durchaus gültigen Kaufe, welcher nur kein Eigenthum überträgt, der Ausdruck „non ualet" gebraucht ist.[6] Uebrigens muss man sich wohl hüten aus ungenau gebrauchten Ausdrücken der Quellen voreilige Schlüsse zu ziehen. Als Warnung mag auf eine Stelle von Marcian hingewiesen werden, in welcher eine Uebergabe als nichtig (nulla) bezeichnet wird, obwohl sie durchaus gültig und nur wegen des Mangels des Eigenthums bei dem Uebergebenden unwirksam ist.[7]

Nach der Meinung von Fitting kann ein Vermächtniss immer nur zum unmittelbaren Eigenthumserwerbe nützen, weil es nur dann gültig ist, wenn der Erblasser Eigenthümer war. Hiernach müsste es geradezu unbegreiflich erscheinen, wenn Ulpian sagt:[8]

… Pro legato enim possessio nulli alii quam cui legatum est competit.

Derselben Meinung ist auch Paulus:[9]

Si possideam aliquam rem quam putabam mihi legatam, cum non esset, pro legato non usucapiam.

Endlich Hermogenian:[10]

Pro legato usucapit cui recte legatum relictum est: sed et si non iure legatum relinquatur uel legatum ademptum est, pro legato usucapi post magnas uarietates optinuit.

---

6) z. B. l. 63 pr. D. C. E. 18. 1.

7) Marcian l. 15 (16) D. reb. dub. 34. 5. „quaedam sunt in quibus res dubia est, sed ex post facto retro ducitur et apparet quid actum est. ut ecce si res legata fuerit et deliberante legatario cam rem heres alii tradiderit: nam si quidem uoluerit legatarius habere legatum, traditio nulla est, si uero repudiauerit, ualet."

8) l. 1 D. pro legato 41. 8.

9) l. 2 D. pro legato 41. 8.

10) l. 9 D. pro legato 41. 8.

Im ältern Recht ist also das legatum per uindicationem
und das legatum per praeceptionem, welches sich auf eine
fremde Sache bezieht, gültig, aber, wenn der Erblasser nicht
Eigenthümer war, insofern unwirksam, als es dann natürlich kein Eigenthum überträgt.

Justinian hat nun die formellen Unterschiede der Vermächtnisse aufgehoben.

Die Institutionen sagen:[11]

. . . . certa quaedam uerba cuique generi legatorum ad-
signata erant per quae singula genera legatorum significa-
bantur . . . nostra autem constitutio quam cum magna feci-
mus lucubratione defunctorum uoluntates ualidiores esse
cupientes et non uerbis, sed uoluntatibus eorum fauentes,
disposuit, ut omnibus legatis una sit natura et, quibuscum-
que uerbis aliquid derelictum sit, liceat legatariis id perse-
qui non solum per actiones personales, sed etiam per in
rem et per hypothecariam.

Der Wille des Erblassers soll also den Ausschlag
geben, und die Bedachten haben sowohl dingliche wie persönliche Klagen.   Eine Beschränkung muss man bei der
Auslegung dieser Stellen nothwendig machen.   Der Erblasser kann natürlich nie an fremden Sachen dingliche
Rechte geben: bei solchen Vermächtnissen hat der Bedachte
nur persönliche Klagen.   Hat dagegen der Erblasser eigene
Sachen vermacht, so stehen dem Bedachten dingliche und
persönliche Klagen zu.   Man nahm an, der Erblasser wolle
nicht nur Eigenthum auf den Bedachten übertragen, sondern
auch seinen Erben verpflichten diesem die Sache zu verschaffen.   Das Letztere ist indessen nur für den Fall gemeint, dass der Erblasser sich nicht über sein Eigenthum

---

11) § 2 J. de leg. 2. 20.

täuschte. Erweist sich die vermachte Sache, welche er
für seine eigene hielt, als eine fremde, so ist der · Erbe
nicht verpflichtet. Es ist nicht gewiss, dass jener sie vermacht haben würde, wenn sie ihm als fremde Sache bekannt gewesen wäre. Die Institutionen drücken diesen Satz
mit folgenden Worten aus:[12]

Quod autem diximus alienam rem posse legari, ita in-
tellegendum est, si defunctus sciebat alienam rem esse, non
et si ignorabat: forsitan enim, si scisset alienam, non le-
gasset. et ita diuus Pius rescripsit.

Entsprechend heisst es im Kodex:[13]

Cum alienam rem quis reliquerit, si quidem sciens,
tam ex legato quam ex fideicommisso ab eo qui legatum
seu fideicommissum meruit peti potest. quodsi suam esse
putauit, non aliter ualet relictum, nisi proximae personae,
uel uxori uel alii tali personae, datum sit cui legaturus esset, et si scisset rem alienam esse.

Die Aenderungen, welche Justinian gemacht hat, bestehen allein darin, dass der Charakter der Vermächtnisse
nicht mehr nach den gebrauchten Worten, sondern nach
dem muthmasslichen Willen des Erblassers bestimmt wird.
Vermacht jemand eine Sache, welche er für seine eigene
hält, so ist zu vermuthen, dass er unmittelbar auf den Bedachten Eigenthum übertragen wollte. Diesen Zweck kann
das Vermächtniss nicht erreichen, wenn der Erblasser in
Wirklichkeit nicht Eigenthümer war, es ist also insofern
unwirksam. Vermacht [dagegen der Erblasser absichtlich
eine fremde Sache, so entsteht nur eine persönliche Verpflichtung, welche keinen Besitztitel giebt. Erst die zu

---

12) § 4 J. de leg. 2. 20.
13) l. 10 C. 6. 37.

ihrer Erfüllung geschehende Uebergabe begründet einen
titulus pro soluto.

Die eigenmächtige Besitzergreifung (occupatio) ist auch
gerechtfertigt, wenn die in Besitz genommenen Sachen ihrer
Natur nach unter den vorliegenden Umständen herrenlos
gefunden zu werden pflegen bez. in der That herrenlos
sind, oder wenn der Erwerber auf Grund gewisser Thatsachen ein Recht zur Besitzergreifung hat, z. B. an den
Früchten redlich besessener Sachen. Die Römer behandeln
diese im Allgemeinen wohl weniger häufigen Titel ziemlich
oberflächlich; nur zwei Stellen von Paulus geben uns Aus-
kunft über sie:[14]

Genera possessionum tot sunt quot et causae adquirendi eius quod nostrum non sit, uelut pro emptore pro
donato pro legato pro dote pro herede pro noxae dedito
pro suo, sicut in his quae terra marique uel ex hostibus
capimus.[15]

Eingehender beschäftigen sich die Quellen mit dem
titulus pro derelicto. Hier liegt die Rechtfertigung der Besitzergreifung in einer vorhergegangenen derelictio d. h. in
der Thatsache, dass der bisherige Besitzer die Sache auf-
gegeben hat. Stintzing[16] leugnet, dass die Römer auch bei
der Aufgabe des Besitzes durch einen andern als den Eigenthümer eine derelictio annehmen, denn „derelinquiren könne
nur der Eigenthümer," „der Wille zu derelinquiren sei bei
einem andern gar nicht möglich."[17]

Es ist schwer einzusehen, weshalb nicht jeder Besitzer,
gleichviel ob Eigenthümer oder nicht, den Willen haben

---

14) l. 3 § 21 D. A. P. 41. 2.
15) Ebenso l. 2 D. pro suo 41. 10.
16) Stintzing, das Wesen von bona fides und titulus S. 95.
17) Stintzing a. a. O. S. 95.

kann seinen Besitz aufzugeben, denn weiter bedeutet das Wort „derelinquere" nichts. Ja der redliche Besitzer hat sogar den Willen Eigenthum aufzugeben, ebenso wie er bei der Uebergabe den Willen hat Eigenthum zu übertragen. Vielleicht aber haben die Römer nur die Aufgabe durch den Eigenthümer als derelictio bezeichnet? In der That beruft sich Stintzing dafür auf folgende Institutionenstelle:[18] Qua ratione uerius esse uidetur et, si rem pro derelicto a domino habitam occupauerit quis, statim eum dominum effici. pro derelicto autem habetur quod dominus ea mente abiecerit, ut id rerum suarum esse nollet, ideoque statim dominus esse desinit.

Aus dem Zusammenhange dieser Stelle geht indessen hervor, dass von der Dereliktion nur insoweit die Rede ist, als sie den Eigenthumsverlust und demnächst den Eigenthumserwerb durch einen andern sofort zur Folge hat. Von diesem Gesichtspunkte aus ist die Erklärung gegeben.

Man darf durchaus nicht ohne Weiteres schliessen, dass eine Dereliktion durch einen andern als den Eigenthümer unmöglich sei. Gerade bei den Institutionen kann es nicht auffallen,[19] wenn sie eine minder wichtige Art der Dereliktion, deren Wirkung für sie gerade nicht in Betracht kommt, ausser Acht lassen. Auch ist nicht zu übersehen, dass zu „res pro derelicto habita" sorgfältig „a domino" hinzugesetzt wird. Das wäre überflüssig gewesen, wenn eine Dereliktion nur durch den Eigenthümer hätte geschehen können.

Eine in die Pandekten aufgenommene Stelle von Venulejus bestätigt die Richtigkeit dieser Auffassung, indem sie

---

18) § 47 J. rer. diu. 2. 1.
19) S. Anm. 7.

auch die Aufgabe einer fremden Sache als „pro derelicto
habere" bezeichnet:[20]

Si *alienam rem* mihi tradideris et eandem *pro derelicto
habuero*, amitti auctoritatem id est actionem pro cuictione
placet.

Die Aufgabe ist in dieser Beziehung genau so wie die
Uebergabe zu beurtheilen: Eigenthum erhält der Erwerber
immer nur, wenn der Aufgebende bez. Uebergebende Eigenthümer war; andernfalls ist aber die Handlung keineswegs
ungültig, sondern kann immer noch rechtliche Folgen
haben, namentlich, was die Ersitzung und die Publicianische
Klage betrifft.

Nach Stintzings Ansicht wäre es nicht zu begreifen,
wenn Julian zur Ersitzung pro derelicto eine wirkliche
Dereliktion fordert, da eine Ersitzung auf Grund einer Dereliktion dann überhaupt unmöglich wäre:[21]

Nemo potest pro derelicto usucapere qui falso existimauerit rem pro derelicto habitam esse.

Die eigenthümliche Art, wie die Römer die Preisgabe
auffassten, bestätigt das. Sie stellten die derelictio keineswegs neben die Uebergabe, sondern waren vielmehr geneigt
sie geradezu als eine Uebergabe an eine unbestimmte Person aufzufassen. So sagt Pomponius:[22]

Id quod quis pro derelicto habuerit continuo meum fit:
sicuti cum quis aes sparserit aut aues amiserit, *quamuis
incertae personae uoluerit eas esse*, tamen eius fierent cui
casus tulerit ea, *quae cum quis pro derelicto habeat*, simul
intellegitur uoluisse alicuius fieri.

---

20) l. 76 D. eu. 21. 2.
21) l. 6 D. pro derel. 41. 7.
22) l. 5 § 1 D. pro derel. 41. 7.

Pomponius vermischt hier den Begriff des Auswerfens mit dem des Wegwerfens. Wer auswirft, will, dass der Erste, welcher die Sache erhält, Eigenthümer werde, er will also nicht schlechthin Eigenthum aufgeben, sondern Eigenthum übertragen. Hier liegt allerdings eine Uebergabe an eine unbestimmte Person vor. Wer dagegen wegwirft, will sich nur seines Besitzes bez. Eigenthums entschlagen; es ist ihm gleichgültig, ob jemand später die Sache erwirbt, und wer dies ist. Vom Auswerfenden kann man mit Recht sagen: „intellegitur uoluisse alicuius fieri," der Wegwerfende hat nur im Sinn „ut id rerum suarum esse nollet."

Das Auswerfen charakterisirt Gajus in einer Stelle, [23] welche auch in die Institutionen fast wörtlich aufgenommen ist, [24] als eine Uebergabe an eine unbestimmte Person:

Hoc amplius interdum et in incertam personam collocata uoluntas domini transfert rei proprietatem: ut ecce qui missilia iactat in uulgus, ignorat enim quid eorum quisque excepturus sit, et tamen, quia uult quod quisque exceperit eius esse, statim eum dominum efficit.

Justinian bezeichnet das Auswerfen geradezu als ein Schenken, indem er sagt: [25] . . . licentiam habeat argentea dona in processibus distribuendi. [26]

Die Verwechselung von Auswerfen und Wegwerfen liess auch das Letztere als eine Uebergabe an eine unbestimmte Person auffassen. Hierdurch allein erklärt sich der alte im spätern Rechte beigelegte Streit darüber, ob der Wegwerfende sofort oder erst durch die Besitznahme seitens

23) l. 9 § 7 D. A. P. 41. 1.
24) § 46 J. rer. diu. 2. 1.
25) nou. 105. cap. 2. § 1.
26) Vergl. l. 1. l. 2. C. 12. 3.

eines andern sein Eigenthum verliere. Paulus berichtet
darüber: [27]

Sed Proculus non desinere eam rem domini esse, nisi
ab alio possessa fuerit: Julianus desinere quidem omittentis
esse, non fieri autem alterius, nisi possessa fuerit, et recte.
Bei dieser Auffassung konnte die Befähigung eines
jeden Besitzers zur Dereliktion sicher nicht zweifelhaft
sein.

Noch bleibt die Ersitzung auf Grund eines Erbfalls
übrig (usucapio pro herede). Die Rechtfertigung der Besitznahme liegt hier darin, dass die Sache eine Erbschaftssache ist, welche der Erbe noch nicht in Besitz genommen
hat; nicht erfordert wird, dass der Erwerber Erbe ist
oder sich für den Erben hält. Gajus sagt: [28]

Rursus ex contrario accidit, ut qui sciat alienam rem
se possidere usucapiat, uelut si rem hereditariam cuius
possessionem heres nondum nactus est aliquis possederit;
nam ei concessum est usucapere, si modo ea res est quae
recipit usucapionem, quae species possessionis et usucapionis pro herede uocatur. [29]

Es mag befremden, dass die Römer es für rechtmässig
hielten, wenn jemand wissentlich eine fremde Erbschaft
oder Theile derselben in Besitz nahm, aber die Thatsache
ist uns verbürgt. Gajus erklärt sie dadurch, dass man an
Erbschaftssachen ebenso wenig wie an herrenlosen Sachen
ein furtum begehen kann: [30]

Rursus ex diuerso interdum rem alienam occupare et
usucapere concessum est nec creditur furtum fieri, uelut

27) l. 2 § 1 D. derel. 41. 7.
28) Gai. II, § 52.
29) Ebenso Gaius III, § 201.
30) Gaius III, § 201.

res hereditarias quarum heres nondum nactus possessionem.[31]

Der Titel hat eine nahe Verwandtschaft mit dem Titel
aus der Besitznahme einer Sache als einer herrenlosen.
Er besteht darin, dass die in Besitz genommenen Sachen
Erbschaftssachen sind. Eigenthum kann auf Grund dieses
Titels natürlich nur der wahre Erbe erwerben. Diese Ersitzung ist durch einen Senatsbeschluss unter Hadrian
beschränkt worden. Gajus sagt darüber:[32]

Haec autem species possessionis et usucapionis etiam
lucratiua uocatur: nam sciens quisque rem alienam lucri-
facit. sed hoc tempore iam non est lucratiua: nam ex
auctoritate diui Hadriani senatus consultum factum est, ut
tales usucapiones reuocarentur, et ideo potest heres ab eo
qui rem usucepit hereditatem petendo perinde eam rem
consequi, atque si usucapta non esset.

Die Ersitzung auf Grund eines Erbfalls wird für eine
„lucratiua“ erklärt, nicht weil der Erwerber für die Sache
nichts gegeben hat — denn sonst wäre die Ersitzung auf
Grund der Besitzaufgabe, der Schenkung und des Vermächtnisses ebenfalls „lucratiua“ —, sondern weil er wissentlich eine fremde Sache ersitzt. Gajus sagt auch, indem er
fortfährt, nicht, dass die Ersitzung auf Grund eines Erbfalls aufgehoben, sondern dass sie nun nicht mehr „lucratiua“ ist. Das heisst die Ersitzung kann nicht mehr mit
dem Bewusstsein erfolgen, dass die besessene Sache einem
andern gehört. Es scheint aber, als ob man eine solche
Ersitzung nicht schlechthin für nichtig erklärt, sondern viel-

---

31) Noch in den Pandekten findet sich die Stelle von Marcellus:
Hereditariae rei furtum fieri Iulianus negabat l. 69 (68) D. furt. 47. 2.
32) Gaius II, § 56 und 57.

mehr nur zu Gunsten des Erben fingirt hat, dass nicht ersessen sei. Das geschah immer, wenn der Erwerber wusste, dass er nicht Erbe war. Schon Gajus findet in diesem Bewusstsein den Unterschied zwischen possessio pro herede und possessio pro possessore: [33]

Pro herede autem possidere uidetur tam is qui heres est quam is qui putat se heredem esse, pro possessore is possidet qui sine causa aliquam rem hereditariam uel etiam totam hereditatem sciens ad se non pertinere possidet.

Im Uebrigen hat die Ersitzung auf Grund eines Erbfalls ihren ursprünglichen Charakter behalten. Pomponius entscheidet: [34]

Pro herede ex uiui bonis nihil usucapi potest, etiamsi possessor mortui rem fuisse existimauerit.

Er erklärt also in unzweideutiger Weise, dass Sachen, welche noch lebenden Personen gehören, nicht pro herede ersessen werden können. An einer andern Stelle sagt er: [35]

Cum solus heres essem, existimarem autem te quoque pro parte heredem esse, res hereditarias pro parte tibi tradidi: propius est, ut usu eas capere non possis, quia nec pro herede usucapi potest quod ab herede possessum est neque aliam ullam habes causam possidendi. ita tamen hoc uerum est, si non ex transactione id factum fuerit. idem dicimus, si tu quoque existimes te heredem esse. nam hic quoque possessio ueri heredis obstabit tibi.

Der wahre Erbe hält jemanden für einen Miterben und übergiebt ihm die Erbschaftssachen zu dem entsprechenden Theile. Dann ist eine Ersitzung auf Grund eines Erbfalls

---

33) Gaius IV, § 144.
34) l. 1 D. pro herede 41. 5.
35) l. 29 D. usurp. 41. 3.

nicht möglich, weil der wahre Erbe die Sachen bereits in Besitz genommen hat. Dabei macht es auch keinen Unterschied, ob der Empfänger die Nichtigkeit seines Rechtes kennt oder nicht. Ist dagegen ein Vergleich abgeschlossen, so kommt auf Grund desselben ein Uebergabevertrag zu Stande, durch welchen nach Umständen Eigenthum oder die Möglichkeit der Ersitzung erworben wird.

Alle spätern Stellen stimmen mit der soeben angeführten darin überein, dass sie nur an wirklichen Erbschaftssachen eine Ersitzung zulassen. . Insbesondere wird auch eingeschärft, dass eine falsche Todesnachricht nicht eine usucapio pro herede ermöglicht: [36]

Opinione falsae mortis pro herede possessio rerum absentis procedere non potest. [37]

4. Die bisherigen Ansichten (§ 5).

Man hat bisher immer die „causa traditionis" als die Voraussetzung aufgefasst, welche die Parteien bei der Uebergabe machen, und die herrschende Ansicht erklärt diese demgemäss für einen wesentlichen Bestandtheil des Titels. Da nun aber in den Quellen sehr häufig eine Ersitzung vorkommt, obwohl jene Voraussetzung thatsächlich nicht begründet ist, so wurde man gezwungen hier immer einen sogenannten putativen Titel anzunehmen, welcher in den Quellen allerdings, wenn auch nur ganz vereinzelt vorkommt. Ferner hielt man mehrere Rechtsgeschäfte, die in Wirklichkeit nur kein Eigenthum übertragen, für völlig nichtig, und berief sich auch für sie wieder auf den Puta-

---

36) l. 3 C. usuc. pro her. 7. 29.
37) Vgl. l. 4 C. usuc. pro her. 7. 29. Siehe über die Frage die erschöpfende Ausführung „über das Wesen des Titels bei der Ersitzung," Archiv f. d. ziv. Praxis, Bd. 52, S. 267 ff.

tivtitel. Der bedeutendste Vertreter der herrschenden Ansicht, welcher dieselbe am schärfsten und eingehendsten
dargestellt hat, ist Fitting. [1] Aber gerade die Schärfe der
Ausführung lässt die Verwirrung, welche die nothwendige
Folge dieser Meinung ist, klar hervortreten. Nach Fitting
giebt es keinen regelmässigen Titel auf Grund eines Vermächtnisses, [2] obwohl die Quellen wiederholt einen solchen
fordern; [3] bei der Ersitzung auf Grund einer Zahlung [4] ist
der Putativtitel von den Römern grundsätzlich zugelassen
worden, und er greift auch, wenn man von der Besitzaufgabe absieht, [5] in andern Fällen in der weitesten Ausdehnung Platz. Aber alle diese zahlreichen Ausnahmen haben
die Römer nicht gehindert die Regel, dass ein gültiger
Titel gefordert wird, mit der grössten Schärfe zu betonen;
sie haben das sogar für Fälle gethan, in welchen ihre Erfüllung geradezu unmöglich ist.

Unter solchen Umständen hätte Stintzing [6] sicherlich
Recht gehabt, wenn er die Sache umkehrte und behauptete,
dass ein gültiger Titel zur Ersitzung nicht erforderlich sei.
Er erkannte an, dass zahlreiche Stellen mit dieser Ansicht
in Widerspruch ständen, aber die von ihnen gegebene Regel
sei thatsächlich von den Römern nie beachtet worden. [7] Es

---

1) Fitting „über das Wesen des Titels bei der Ersitzung," Archiv
f. d. ziv. Praxis, Bd. 51 und 52.
2) a. a. O. S. 27 ff.
3) l. 1. l. 2. D. pro legato 41. 8.
4) a. a. O. S. 6. Richtig aufgefasst ist die Zahlung von Keller
Pandekten § 133 unter Nr. 1: Man darf auch hier garnicht vom Putativtitel reden, denn die iusta causa ist nicht jene Obligation, sondern
das Rechtsgeschäft der solutio, und diese ist ja vollgültig.
5) a. a. O. S. 25.
6) Stintzing, das Wesen von bona fides und titulus in der römischen Usukapionslehre.
7) a. a. O. S. 87 f.

liegt darin ein vollständiger Verzicht auf jede einiger-
massen befriedigende Erklärung der Quellen: den Römern
wird vorgeworfen, dass sie durchaus unrichtige Regeln aufgestellt haben, und davon die Berechtigung abgeleitet eine
andere zutreffendere Regel zu finden. Stintzing entscheidet
sich für folgende:[8]

„Zur Usukapion ist ein titulus nothwendig, d. h. ein
solcher Erwerbsakt, auf welchen hin die Publiciana ertheilt
werden würde. Ist dies ein vollständiger, so dass also in
dem Akte keine Rechtsverletzung liegt, so ist es gleichgültig, wie das konkrete Subjekt darüber denkt. Ist dagegen der Erwerbsakt ein unvollständiger und liegt in der
Zueignung eine materielle Rechtsverletzung, so darf der
Erwerbende um dieses Unrecht nicht wissen.“

Nach der in dieser Schrift vertretenen Ansicht ist
dagegen das Gebiet des Putativtitels ein sehr beschränktes,[9]
so dass es die Regel ganz wohl bestehen lässt. Das Meiste,
was Stintzing über die Ersitzung auf Grund einer Zahlung,
einer Schenkung, eines Mitgiftvertrages,[10] einer Besitzaufgabe, eines Vermächtnisses und eines Erbfalls sagt,[11] ist
bereits besprochen, auf einige von ihm angeführte Fälle
muss indessen eingegangen werden. Die Quellen weichen
auch in ihnen nicht von der Regel ab.

Paulus sagt, dass der Vormund oder der Geschäfts-
führer, welcher in einer für seinen Mündel bez. für seinen
Auftraggeber abgehaltenen Versteigerung Sachen kauft, dieselben ersitzen kann:[12]

---

8) Stintzing a. a. O. S. 73.
9) S. § 2.
10) S. § 3.
11) S. § 4.
12) l. 2 § 8 und 9 D. pro emptore 41. 4.

Tutor ex pupilli auctione rem quam eius putabat esse
emit: Seruius ait posse eum usucapere, in cuius opinionem
decursum est eo, quod deterior causa pupilli non fit, si propius habeat emptorem, et, si minoris emerit, tutelae iudicio
tenebitur, ac si alii minoris addixisset: idque et a diuo
Traiano constitutum dicitur. procuratorem quoque qui ex
auctione quam mandatu domini facit emerit plerique putant
utilitatis causa pro emptore usucapturum; idem potest dici,
et si negotia domini gerens ignorantis emerit, propter eandem utilitatem.

Stintzing behauptet, die Erwerbshandlung sei hier
nichtig, es sei also überhaupt kein Titel vorhanden. Die
Ersitzung würde dann aber den erheblichsten Bedenken
unterliegen, welcher Ansicht man sich auch anschliessen
mag. Allerdings gab es ja, wie wir gesehen haben, von
Paulus und Ulpian eine Meinung, welche sogar bei Ungültigkeit des Veräusserungsvertrages stets eine Ersitzung annahm,[13] wenn der Erwerber denselben für gültig hielt, weil
er dann Eigenthümer zu sein glaubte (quia pro suo possidet).
Paulus aber ist, wie wir ebenfalls gefunden haben, derselben gerade, was den Kauf betrifft, auf das Entschiedenste
entgegengetreten. Er thut das auch bei dieser Gelegenheit
in den unserer Stelle vorhergehenden Paragraphen, indem
er den Grundsatz, dass eine usucapio pro emptore nur auf
Grund eines gültigen Kaufes möglich ist, auf einzelne
Beispiele anwendet. Mitten unter solchen Ausführungen
soll nun ein Fall stehen, in welchem ersessen wird, ohne
dass auch nur scheinbar ein Kauf vorliegt.

Diejenigen, welche ohne gültigen Kauf ersitzen lassen
wollten, verlangten, dass der Erwerber wenigstens gekauft

13) S. § 3.

zu haben glaubte, und sprachen dann, da derselbe sich eben
für den Eigenthümer hielt, von einem titulus pro suo. Der
Vormund in unserm Falle weiss, wenn wir der Ansicht von
Stintzing folgen, dass ein Kauf überhaupt nicht abgeschlossen
ist, er weiss auch, dass er unmöglich Eigenthümer werden
kann, es ist weder ein titulus pro suo noch ein titulus pro
emptore denkbar. Dieser Fall der Ersitzung spricht allen
Regeln Hohn, Paulus wäre gerade hier, wo er als Grundsatz die Nothwendigkeit eines gültigen Kaufes betont, plötz-
lich noch weit über die Verfechter der milderen Meinung
hinausgegangen. Noch mehr: Paulus rechtfertigt seine Entscheidung dadurch, dass der Mündel durch diese Ersitzung
keinen Schaden haben könne, spricht aber darüber, dass
überhaupt ein Kauf nicht vorliegt, kein Wort. Und doch
läge ihm das Letztere viel näher, da er in diesem Punkte
mit dem soeben von ihm selbst aufgestellten Grundsatze in
Widerspruch tritt.

Dass Stintzing die Stelle für sich anführt, ist befremd-
lich, denn auch seinem Satze, dass ein „unvollständiger
Erwerbsakt dann genügt, wenn der Erwerber um den
Mangel nicht gewusst hat," entspricht sie nicht, weil der
Erwerber weiss, dass er nicht gekauft hat. Der Fall
würde so aufgefasst zwar nicht zu der herrschenden oder der
hier vorgetragenen, aber ebensowenig zu der von Stintzing
vertheidigten Ansicht passen. Sollte in der That aus diesen
Schwierigkeiten kein Ausweg zu finden sein?

Zuvörderst zeigt der Ausdruck „emere," dass Paulus
wenigstens den äussern Abschluss eines Kaufes voraussetzte,
dass also ein anderer Käufer, ein anderer Verkäufer war.
Dadurch wird die Annahme sehr nahe gelegt, dass der
Veranstalter der Versteigerung diese nicht selbst abgehalten
hat. In der That ist es auch wohl selten vorgekommen,

dass der Vormund selbst versteigerte, regelmässig wurde
dafür sicher ein Sklave oder ein Freier aus den niedrigsten
Ständen angestellt. Dann aber kam ein wirklicher Kauf
zu Stande, weil der Versteigerer und der Käufer zwei verschiedene Personen waren; auch lag darin kein Hinderniss,
wenn der Erstere des Letztern eigener Sklave war, denn
Ulpian erkennt ausdrücklich an, dass ein Kauf zwischen
Herrn und Sklaven gültig ist und auch einen Titel giebt.[14]
Diese Ansicht hat ihren guten Grund, denn der Sklave ist
zwar nicht rechtsfähig, wohl aber willensfähig. In der
Regel kann nun der Kauf zwischen Herrn und Sklaven
keinerlei Wirkung haben, da der Herr seinem Sklaven nicht
verpflichtet werden kann, und da der Sklave seinerseits
keine Rechte hat, welche er an den Herrn übertragen
könnte. Ulpian zeigt uns aber an dieser Stelle, dass ein
solcher Kauf unter Umständen Wirkungen hat wie jeder
andere Kauf.

Die Gültigkeit des Vertrages in unserer Stelle wird
auch dadurch bestätigt, dass der Vormund Eigenthum erhält,
wenn die Sachen dem Unmündigen gehören:[15]

Cum ipse tutor nihil ex bonis pupilli quae distrahi
possunt comparare palam et bona fide prohibetur, multo
magis uxor eius hoc facere potest.

Ebenso sagt Ulpian:[16]

Sane si ipse quidem emit palam, dedit autem nomen
non mala fide sed simpliciter, ut solent honestiores non
pati nomina sua instrumentis inscribi, *ualet emptio;* quod si
callide, idem erit, ac si per interpositam personam emisset.

---

14) l. 11. § 8 D. act. inst. 14. 3.
15) l. 5 C. C. E. 4, 38. Diocl. et Max.
16) l. 5. § 4. D. auct. tut. 26. 8.

Auch das Verbot, dass der Vormund oder Verwalter nicht Sachen des Mündels oder des Herrn kaufen soll, greift also in diesem Falle nicht Platz.

Ferner führt Stintzing eine Stelle von Paulus an: [17]

Cum Stichum emissem, Dama per ignorantiam mihi pro eo traditus est, Priscus ait usu me eum non capturum, quia id quod emptum non sit pro emptore usucapi non potest; sed si fundus emptus sit et ampliores fines possessi sint, totum longo tempore capi, quoniam uniuersitas eius possideatur, non singulae partes.

Stintzing meint, der Grund, welchen Priscus für die erste Entscheidung anführt (quia id quod emptum non sit pro emptore usucapi non potest) treffe nicht zu, denn auch die ursprünglich nicht zum Grundstück gehörenden Theile (ampliores fines) seien nicht mitgekauft. Der wahre Grund sei ein anderer. Der Käufer habe nämlich garnicht den Besitz von Dama erhalten, wie folgende Stelle von Ulpian zeige: [18]

Si me in uacuam possessionem fundi Corneliani miseris, ego putarem me in fundum Sempronianum missum et in Cornelianum iero, non adquiram possessionem, nisi forte in nomine tantum errauerimus, in corpore consenserimus.

Die Stelle trifft aber nicht unbedingt zu. Es liegt ein Kaufvertrag über Stichus vor, statt seiner ist aus Unwissenheit Dama übergeben worden. Möglich ist es allerdings, dass diese Unwissenheit sich auf die Persönlichkeit der Sklaven bezog, dass also die Parteien, auch der bisherige Besitzer selbst, nicht wussten, welcher von ihnen Dama, und welcher Stichus war. Dann glaubte der Käufer Stichus

17) l. 2 § 6. D. pro emptore 41. 4.
18) l. 34 pr. D. de possess. 41. 2.
Bernhöft, Der Besitztitel. 4

zu empfangen, während er in Wirklichkeit Dama empfing:
weil ihm zum Besitz des einen die thatsächliche Herrschaft,
zu dem des andern der Wille fehlte, so besass er keinen.
Bei dieser Erklärung passt, wie Stintzing sehr richtig bemerkt, der angegebene Grund nicht, aber gerade deshalb
wird man sie verwerfen müssen. Bezog sich nämlich die
Unwissenheit der Parteien auf den Inhalt des Kaufvertrages,
glaubten sie, dass Dama verkauft sei, so erhielt der Käufer Besitz. Nunmehr passt der Grund, aus welchem Priscus
dennoch die Ersitzung verweigert, sehr gut.

Anders bei der zweiten Entscheidung. Stintzing rechtfertigt sie dadurch, dass hier die ursprünglich nicht zum
Grundstück gehörenden Theile in der That besessen würden.
Das möchte sein, wenn der Jurist es sagte, aber er behauptet gerade das Gegentheil, nämlich dass der Käufer
nicht die einzelnen Theile, sondern das Ganze als solches
besitze. Er verneint durchaus in Uebereinstimmung hiermit,
dass die zum Grundstück gehörenden Theile besessen
würden, und drückt mit den Worten „totum longo tempore
usucapi" aus, dass auch die Ersitzung das Grundstück als
solches betreffe.

Sein Gedankengang lässt sich aus dem für die erste
Entscheidung angegebenen Grunde ergänzen wie folgt:

Aus dem Satze „quod emptum non est pro emptore
usucapi non potest" könnte man ableiten wollen, dass, wenn
ein Grundstück mit weitern Grenzen, als es in der That
hat, übergeben worden ist, diese weitern Grenzen nicht
ersessen würden, weil der Kauf nur für das Grundstück in
seinem wirklichen Umfange gilt. Aber das ist falsch; nicht
die einzelnen Theile, sondern das Grundstück als Ganzes
wird besessen und ersessen. Ob man schon das Eigenthum
von einem Theile des Besessenen hat oder nicht, man

ersitzt das Ganze in dem Umfange, wie man es besitzt. Dasselbe gilt vom Titel; er bezieht sich nicht auf die einzelnen Theile, sondern auf das Grundstück als Ganzes.

Fitting, welcher den Gedankengang des Paulus in ähnlicher Weise, wie hier geschehen, angiebt,[19] will sich mit der Schlussfolgerung desselben nicht einverstanden erklären. Wenn auch an dem ganzen Grundstück nur ein einheitlicher Besitz anzunehmen sei, so folge daraus doch noch nicht, dass nun auch das nicht mitgekaufte und nur irrthümlich dazu geschlagene Stück mit ersessen werden müsste. Eine Bestätigung hierfür sei in zwei Stellen von Marcian und Javolen zu finden:[20]

Si quis fundum emerit cuius particulam sciebat esse alienam, Julianus ait, si pro diuiso sciat alienam esse, posse eum reliquas partes longa possessione capere: sed si pro indiuiso, licet ignoret quis sit locus, aeque eum capere posse, quod sine ullius damno pars quae putatur esse uendentis per longam possessionem ad emptorem transit.[21]

Nach diesen Stellen ersitzt der Käufer, welcher weiss, dass einzelne Theile des gekauften Grundstücks einem andern gehören, diese Theile nicht, sondern nur das Grundstück mit Ausschluss desselben. Gleichwohl, meint Fitting, müsste auch hier ein einheitlicher Besitz angenommen werden.

Aber der hier entschiedene Fall ist ein ganz anderer als der in unserer Stelle besprochene. Derjenige, welcher weiss, dass ein bestimmter Theil des gekauften Grundstücks einem andern gehört, besitzt diesen Theil, aber auch nur

---

19) Fitting a. a. O. Bd. 51, S. 14 ff.
20) l. 43 pr. D. A. P. 41. 2.
21) Ebenso l. 4 pr. D. pro emptore 41. 4.

diesen Theil in unredlicher, die andern Theile in redlicher
Absicht. Er hat keineswegs, wie Fitting meint, einen auf
alle Theile des Grundstücks sich erstreckenden einheitlichen Besitzwillen. Das Grundstück bildet nicht eine wirkliche, sondern nur eine begriffliche Einheit; glaubt jemand,
dass das von ihm besessene Grundstück zu einem bestimmten Theile einem andern gehört, so besteht die begriffliche
Einheit für ihn nicht; in seinen Gedanken besitzt er zwei
Grundstücke, von denen, wie er glaubt, das eine ihm selber,
das andere einem Fremden gehört. Für jedes hat er einen
besondern Besitzwillen, das erstere besitzt er als redlicher
Erwerber, das zweite als Dieb.

Die Thatsache, dass ein bestimmter Theil der Erd-
oberfläche stets gemeinschaftlich bewirthschaftet ist, macht eine
Trennung nicht unmöglich, und Pomponius entscheidet an
einer andern Stelle ausdrücklich, dass auch ein Theil eines
Grundstücks für sich ersessen werden könne: [22]

Locus certus ex fundo et possideri et per longam possessionem capi potest.

Gerade Ulpian erklärte, dass ein besondern Rechts-
verhältnissen unterworfener Theil eines Grundstücks selbst
als Grundstück anzusehen sei: [23]

Plane si diuisit fundum regionibus et sic partem tradidit pro diuiso, potest alterutri seruitutem imponere, quia
non est pars fundi, sed fundus.

Wer hingegen weiss, dass ein Theil des von ihm besessenen Grundstücks einem andern gehört, ohne zu wissen,
was für ein Theil dies ist, besitzt keinen Theil des ganzen
Grundstücks in redlicher Absicht. Danach rechtfertigt sich die

---

22) l. 26 D. A. P. 41. 2.
23) l. 6 § 1 D. comm. praed. 8. 4.

Entscheidung in den soeben angeführten Fällen. Wer endlich ein Grundstück gekauft hat, hat nicht die einzelnen Theile, sondern nur das Grundstück als Ganzes gekauft. Es ist ebenso wie bei den beweglichen Sachen, von denen Paulus sagt:[24]

Naue aut domu empta singula caementa uel tabulae emptae non intelleguntur, ideoque nec euictionis nomine obligatur uenditor quasi euicta parte.

Der Kauf ist aber allerdings geeignet auch für die Ersitzung eines einzelnen Theiles als Titel zu dienen, wie die beiden soeben erwähnten Entscheidungen von Marcian und Javolen zeigen.

In unserer Stelle ist auch der Besitzwille ein einheitlicher, denn der Besitzer weiss nicht anders, als dass das von ihm Besessene ein Grundstück sei, an dem es nur ein Eigenthumsrecht und zwar das seinige gebe. Sonach unterliegt die Ersitzung keinem Bedenken.

Ganz unbegründet ist es, wenn Stintzing in einer andern Stelle einen regelmässigen Titel leugnet. Nach Julian erhält der redliche Käufer die Möglichkeit der Ersitzung, wenn der mit dem Verkauf einer Sache Beauftragte die Sache in arglistiger Absicht gegen den Herrn zu einem niedrigeren Preise verkauft:[25]

Procurator tuus, si fundum quem centum aureis uendere poterat adixerit triginta aureis in hoc solum, ut te damno adficeret, ignorante emptore, dubitari non oportet, quin emptor longo tempore capiat: nam et cum sciens quis alienum fundum uendidit ignoranti, non interpellatur longa possessio. quod si emptor cum procuratore collusit et eum

24) l. 36 D. euict. 21. 2.
25) l. 7 § 6 D. pro emptore 41. 4.

praemio corrupit, quo uilius mercaretur, non intellegetur bonae fidei emptor nec longo tempore capiet: et si aduersus petentem dominum uti coeperit exceptione rei uoluntate eius uenditae, replicationem doli utilem futurum esse.

Allerdings scheint diese Bestimmung nur aus Irrthum in die Pandekten aufgenommen zu sein, denn die Ersitzung ist hier in der That nach den Grundsätzen der Kompilatoren nicht zu rechtfertigen. Die Sache wird nämlich durch den betrüglichen Verkauf des Beauftragten eine res furtiua, wie denn der Fall auch ausdrücklich demjenigen gleichgestellt wird, wenn jemand wissentlich eine fremde Sache verkauft.

Julian wird in diesem Falle kein furtum angenommen haben, für das Justinianische Recht aber passt die Stelle nicht.[26] Mag das sein, wie es will: der Titel, auf welchen es uns allein ankommt, ist vollständig, denn der Verkauf ist gültig, ebenso wie es auch der Verkauf einer fremden Sache ist.

Die beiden Stellen,[27] welche Stintzing dagegen anführt, beweisen nichts; sie erklären den Kauf mit keinem Worte für nichtig, sondern verweigern nur die exceptio rei uenditae et traditae.

Die meiste Schwierigkeit machen einige Fälle des Vermächtnisses. Wir haben oben gesehen, dass das Vermächtniss einer fremden Sache einen regelmässigen Titel begründet. Bedenklicher ist es, wenn die Ersitzung auf Grund eines Vermächtnisses gestattet wird, welches später durch Kodizill aufgehoben wurde, oder bei welchem die Person des Bedachten zweifelhaft ist.

---

26) l. 3. i f. J. de usuc. 2. 6.
27) l. 5 § 3 D. mand. 17. 1. l. 1 § 3 D. exc. rei. uend. 21. 3.

Paulus sagt: [28]

Pro legato potest usucapi, si res aliena legata sit aut testatoris quidem sit, sed adempta codicillis ignoratur: in horum enim persona subest iusta causa quae sufficit ad usucapionem. idem potest dici, et si in nomine erit dubitatio, ueluti si Titio legatum sit, cum sint duo Titii, ut alter eorum de se cogitatum existimauerit.

Ein durch späteres Kodizill aufgehobenes Vermächtniss ist ein an sich gültiges Rechtsgeschäft, dessen Wirkung aber durch ein zweites vernichtet worden ist. Das genügte Paulus zur Ersitzung und er entschied deshalb, dass es ebenso wie das Vermächtniss einer fremden Sache eine „iusta causa" für die Ersitzung abgebe. Das Vermächtniss, bei welchem die Person des Bedachten zweifelhaft ist, kann streng genommen eben deshalb niemandem ein Recht geben, und ist auch ausdrücklich in den Quellen für unwirksam erklärt. [29] Man würde geneigt sein hier wie bei dem ungültigen Vermächtnisse (legatum non iure relictum) [30] einen unregelmässigen Titel anzunehmen. In der That werden auch beide Fälle von Hermogenian zusammengestellt: [31]

Pro legato usucapit cui recte legatum relictum est: sed et si non iure legatum relinquatur uel legatum ademptum est, pro legato usucapi post magnas uarietates optinuit.

---

28) l. 4 D. pro legato 41. 8.

29) l. 3 § 7 D. de adim. leg. 34. 4. Ulp. l. 10 pr. D. de reb. dub. 34. 5. Ulp.

30) Man hat darunter wohl mit Fitting a. a. O. Bd. 52, S. 40, Anm. 142 ein seiner Form nach fehlerhaftes Vermächtniss zu verstehen. Ebenso testamentum non iure factum l. 1 D. ini. rupt. irr. fact. test. 28. 3.

31) l. 9 D. pro legato 41. 8.

Hieraus geht hervor, dass schon bei den Römern viel
Streit über diesen Fall gewesen ist. Ob man einen regelmässigen oder einen unregelmässigen Titel annehmen will,
ist übrigens für das Ergebniss gleichgültig.

Stintzing erwähnt noch folgende Stelle: [32]

Ea res quae legati nomine tradita est, quamuis dominus eius uiuat, legatorum tamen nomine usucapietur, si is
cui tradita est mortui esse existimauerit.

Sie sagt uns nichts Neues, denn sie handelt nur von
dem Vermächtniss einer fremden Sache.

Stintzing führt endlich eine Stelle von Pomponius
an: [33]

Quod legatum non sit, ab herede tamen perperam traditum sit, placet a legatario usucapi, quia pro suo possidet.

Die Betonung der Uebergabe, welche für den titulus
pro legato unwesentlich wäre, [34] sowie die Worte „quia
pro suo possidet" zeigen deutlich, dass hier ein titulus pro
soluto vorliegt. Ein solcher wird auch an einer andern
Stelle als titulus pro suo bezeichnet. [35] Es handelt sich um
ein Vermächtniss, welches nicht Eigenthum überträgt,
sondern nur eine Schuld des Erben begründet, nach der
Sprache des ältern Rechts also um ein legatum per damnationem.

---

32) l. 5 u. 6 D. pro legato 41. 8.
33) l. 4 § 2 D. pro suo 41. 10.
34) l. 8 D. pro legato 41. 8. Pap.
35) l. 3 D. pro suo 41. 10.

Zweiter Abschnitt.

Der Besitztitel beim unmittelbaren Eigenthumserwerb.

1. Entwicklung des Besitztitels beim unmittelbaren Eigenthumserwerb (§ 6).

Dass durch selbstständige Besitznahme Eigenthum nur
dann erworben wird, wenn ein gültiger Titel, also eine
Besitzaufgabe, ein Vermächtniss, ein Erbfall wirklich vorliegt, ist nicht streitig. Anders bei den dinglichen Verträgen.

Man kann seinen Rechtszustand in einem Rechtsgeschäft mit jemandem durch Aufgeben einer Forderung,
durch Uebernehmen einer Schuld oder durch Uebertragen
eines Rechtes verschlechtern. Zu einer solchen Handlung
muss man aber einen Beweggrund haben, und dieser kann
darin liegen, dass man mittelst desselben Geschäfts seinen
Rechtszustand nach einer andern Richtung hin durch Tilgung
einer Schuld oder Erwerb einer Forderung verbessern oder
auch dem andern Theile unentgeltlich einen Vermögens-
vortheil verschaffen will. Ueber diesen Grund muss regelmässig zugleich eine Einigung der Parteien erfolgen. Dieselbe kann nur dann unterbleiben, wenn jeder Theil miss-
verständlich einen besondern Grund im Auge hat und denselben
Grund auch bei der andern Partei voraussetzt. Es ist die
Frage, ob in solchen Fällen eine Uebergabe gültig zu
Stande kommt, m. a. W. ob diese Einigung über den Grund
für die Uebergabe unwesentlich ist.

Man kann zunächst geneigt sein diesen Grund als
einen blossen Beweggrund rechtlich für gleichgültig und

eine Einigung darüber nicht für unumgänglich nöthig zu
halten. Das ist aber nur solange möglich, wie man von
dieser Einigung über den rechtlichen Grund der Uebergabe
keine weitern Folgen ableitet, dieselbe also noch nicht
unter dem Gesichtspunkte eines Vertrages betrachtet. Sobald man das thut, liegt ein einziger Vertrag vor, welcher
die Einigung über die Besitzübergabe und die Einigung
über den rechtlichen Grund derselben enthält. Von zwei
Verträgen darf man ebenso wenig sprechen, wie man beim
Kaufe zwei Verträge, einen über die Verpflichtung des
Verkäufers und einen über die Verpflichtung des Käufers,
unterscheidet. Ein Vertrag kann aber nicht theilweise,
sondern nur ganz oder garnicht zu Stande kommen. Einigen
sich z. B. beim Kaufe die Parteien nicht über den Preis,
so ist auch die Einigung über die Uebertragung der Sache
ohne alle rechtlichen Folgen. Ganz dasselbe gilt von jedem
Uebergabevertrage: alle Abmachungen der Parteien sind
wesentliche Bestandtheile desselben und hindern, wenn sie
nicht zu Stande kommen, seinen Abschluss.

Es scheint, als ob die Ansichten der römischen Rechtsgelehrten nicht immer darin übereingestimmt haben, ob der
rechtliche Zweck des Gebers nur wie jeder andere Beweggrund desselben oder als ein wesentlicher Bestandtheil des
dinglichen Vertrages zu betrachten sei. Erst nach Julian
kann dieser Punkt festgestellt sein.

Julian selbst sagt noch: [1]

Cum in corpus quidem quod traditur consentiamus, in
causis uero dissentiamus, non animaduerto, cur inefficax sit
traditio, ueluti si ego credam me ex testamento tibi obli-
gatum esse, ut fundum tradam, tu existimes ex stipulatu

---

1) l. 36 D. A. R. D. 41. 1.

tibi cum deberi: nam et si pecuniam numeratam tibi tradam donandi gratia, tu eam quasi creditam accipias, constat
proprietatem ad te transire nec impedimento esse, quod
circa causam dandi atque accipiendi dissenserimus.

Ihm widerspricht mit klaren Worten Ulpian:[2]
Si ego pecuniam tibi quasi donaturus dedero, tu quasi
mutuam accipias, Iulianus scribit donationem non esse, sed
an mutua sit, uidendum. et puto nec mutuam esse
magisque nummos accipientis non fieri, cum alia opinione
acceperit. quare si eos consumpserit, licet condictione
teneatur, tamen doli exceptione uti poterit, quia secundum
uoluntatem dantis nummi sunt consumpti.

Wenn die Parteien in den Gründen (causae) zur Uebergabe nicht übereinstimmen, der eine z. B. ein Vermächtniss bezahlen will, der andere zur Erfüllung einer Stipulation zu empfangen glaubt, so sieht Julian keinen Grund
die Uebergabe für unwirksam zu erklären. Dasselbe soll
auch gelten, wenn der eine schenken will, der andere ein
Darlehn (creditam) zu empfangen glaubt; immer geht das
Eigenthum über. Ulpian berichtet uns in der zweiten Stelle,
dass Julian darüber zweifelhaft gewesen ist, ob ein Darlehn anzunehmen sei, dass er aber die Annahme einer
Schenkung vollständig verwarf. Er seinerseits entscheidet,
es liege kein Darlehn vor, und das Eigenthum an den
Münzen gehe auch nicht auf den Empfänger über (magisque
nummos accipientis non fieri), da dieser sie in anderer Meinung empfangen habe. Er muss nach dieser Stelle gewusst
haben, dass Julian Eigenthumsübergang angenommen hatte,
denn ohne Eigenthumsübergang ist ein Darlehn überhaupt
nicht denkbar: seine Bemerkung, dass der Empfänger nicht

---

2) l. 18 D. R. C. 12. 1.

Eigenthümer wird, richtet sich auch offenbar gegen diese
Ansicht.

Der Widerspruch zwischen beiden Stellen ist also so
klar wie nur möglich; trotzdem hat es nicht an Versuchen
gefehlt sie zu vereinigen.

Nach Dernburg[3] hat sich Ulpian den Fall so gedacht,
dass kein Irrthum über die Absichten beider Theile vorhanden ist, dass vielmehr der eine ausdrücklich als Geschenk giebt, der andere als Darlehn annimmt. Das ist
sehr unwahrscheinlich. Julian sagt ausdrücklich, dass Uneinigkeit über den Grund der Uebergabe den Eigenthumsübergang nicht hindert, und macht keinen Unterschied, ob
die Parteien sich ihrer Uneinigkeit bewusst sind oder nicht.
Ulpian seinerseits bezieht sich ausdrücklich auf Julian und
bekämpft seine Meinung, muss also offenbar denselben Fall
im Auge gehabt haben wie er.

Wetzell[4] meint, „quasi creditam" in der Stelle von
Julian bedeute, dass der Empfänger zur Bezahlung einer
Darlehnsschuld zu erhalten glaube. Der Geber wisse zwar,
dass keine Schuld besteht, lasse jedoch jenen in seinem
Glauben und übergebe so anscheinend zahlungshalber, in
Wirklichkeit schenkungshalber. Die Erklärung ist nicht
unmöglich, aber ebenfalls unwahrscheinlich: mit der hier
vertheidigten Ansicht stimmt sie sehr gut, da nach ihr die
Stelle von Ulpian die massgebende ist.

Wie weit die Sucht führen kann Widersprüche in den
Quellen um jeden Preis zu beseitigen, zeigt der Erklärungsversuch von Schütze.[5] Die Worte „cum alia opinione ac-

---

3) Dernburg Archiv f. d. ziv. Praxis S. 10 ff.
4) Wetzell lex. 12 tab. rer. furt. usuc. prohibet S. 64 ff.
5) Schütze Jahrb. d. g. d. R. Bd. III, S. 229 ff.

ceperit" bezieht er willkürlich auf die Absicht der Parteien, dass Eigenthum übergehen soll bez. nicht übergehen soll, und fährt dann fort:[6] „Ulpian allegirt im Fragm. 18 den von Julian aufgestellten casus. Wenn ich dir Geld in Schenkungsabsicht gegeben habe, du es annimmst als wäre es Darlehn, dann liegt keine donatio vor. Wir wollen sehen, ob Darlehn vorliegt. Und ich (Ulpian)· meine, es ist auch kein Darlehn. „Hier fällt ihm aber ein: Aber wie, wenn du (Empfänger) ein anderes Geschäft im Sinne hattest? Etwa ein solches, welches garnicht auf Eigenthumsübergang gerichtet ist, z. B. Kommodat. Dann ist nicht bloss weder donatio noch Kommodat vorhanden, sondern es tritt nicht einmal Eigenthumserwerb von Seiten des Empfängers ein — während dies in jenem casus des Julian unzweifelhaft ist — und zwar, weil Empfänger nicht zu Eigenthum wie dort, sondern alia opinione empfangen hat. Diesen beiläufigen Einfall deutet er mit den eingeschobenen Worten an:

— magisque (puto) nummos accipientis non fieri, cum alia opinione acceperit (d. h. Ja noch mehr, die Geldstücke werden nicht einmal des Empfängers, wenn er etwa in anderer Meinung z. B. als Kommodat, also zur Detention empfangen hat)."

Die „Andeutung" des „beiläufigen Einfalls" wäre von Ulpian denn doch in allzu ungeschickter Weise geschehen. Die Gezwungenheit und Unnatürlichkeit dieser Erklärung leuchtet von selbst ein.

Einen scharfsinnigen Erklärungsversuch der Stelle von Ulpian hat in neuerer Zeit Jhering[7] geliefert. Nach ihm

---

6) Schütze a. a. O. S. 440.
7) Jhering, Jahrb. f. Dogm. Bd. XII, S. 389 ff.

können die Ausdrücke „accipientis fieri," „eius esse," „suum
facere" nicht nur bedeuten „man erhält bez. hat Eigenthum
an der Sache," sondern auch „man wird bez. ist um die
Sache bereichert" (man „lukrirt" die Sache). Aber ich
halte auch dies nicht für zutreffend. Selbst wenn man die
Behauptung Jherings zugeben wollte,[8] so würde eine solche

8) Jhering führt dafür die ganz allgemeine l. 15 D. R. J. 50. 17,
ferner l. 75 D. J. D. 23. 3 (vgl. dazu l. 15 § 3 § 4 D. qui satisdare
cog. 2. 8.) l. 40 D. A. R. D. 41, 1. und l. 6 pr. D. ut in poss. 36. 4.
an. In der vorletzten Stelle ist der Ausdruck „fructus consumptos
suos facit" von dem redlichen Besitzer gebraucht, und diese ist im
Grunde die einzige, welche unzweideutig für Jhering spricht; nur mag
es bedenklich sein, aus einem derartigen Fall eines nachlässigen
Sprachgebrauchs weitere Folgerungen zu ziehen. Die zuletzt angeführte Stelle lautet: proprietas non est legata, sed legatario per-
mittendum satisdare et usumfructum pecuniae habere. „Proprietas non
est legata" kann hier nach Jhering nicht einfach bedeuten: das Eigenthum ist nicht vermacht, wie die l. 7 D. usufr. ear. 7. 5. zeigen soll.
Mir scheint der Schluss nicht zwingend. Wie aus dem Zusammenhange hervorgeht, behauptet Julian, dass der Erblasser die Sicherstellung nicht erlassen kann, und dass eine solche Bestimmung den
Bedachten insbesondere nicht berechtigt ohne Weiteres über das Geld
zu verfügen, dessen Niessbrauch vermacht ist. Denn, führt er aus,
das Eigenthum an dem Gelde sei nicht vermacht und der Bedachte
müsse immer noch erst Sicherheit stellen, ehe er den Niessbrauch
fordern könne. Nach l. 7. cit. wird ihm der Niessbrauch allerdings
durch Uebertragung des Eigenthums gewährt, das widerspricht der
Stelle von Julian aber durchaus nicht: wäre das Eigenthum selbst
vermacht, so würde es beim legatum per uindicationem ohne Uebertragung übergehen, beim legatum per damnationem ohne jede Sicherstellung zu übertragen sein; dass es nur gegen Sicherstellung zu
übertragen ist, begründet Julian eben durch die Worte „proprietas
non est legata." Aehnliches bestimmt l. 1 C. 3. 33. Man hat auch
sonst das Vermächtniss des Eigenthums und das Vermächtniss des
Niessbrauchs scharf unterschieden, so Marcian in l. 12 D. usufr. ear.
rer. 7. 5. Was endlich l. 3 § 11 D. don. i. u. e. u. 24. 1. betrifft, so
heisst „si quis igitur nummos uxori dederit, non fieri eius apparet,
quia nihil corporis eius fieri palam est" wohl nicht: „Die Ehefrau
wird nicht bereichert, da sie an keiner Sache Eigenthum erhält," sondern: „die Ehefrau erhält kein Eigenthum, da sie nicht einmal Besitz

Bedeutung für die vorliegende Stelle nicht verwendbar sein. Welcher Ansicht man auch in dem Falle, dass etwas als Geschenk gegeben und als Darlehn empfangen wird, sein mag, ob man Julian oder Ulpian folgt, so kann man doch an eine Bereicherung des Empfängers durch die Münzen nie denken. Derselbe wird immer zur Rückgabe angehalten, und es ist nur zweifelhaft, ob dies durch eine condictio oder durch die Eigenthumsklage geschieht. Nur bei einer Schenkung würde das nicht der Fall sein, die Annahme einer solchen wird aber auch von Julian zurückgewiesen. Ueber die Bereicherung herrscht also zwischen den beiden Rechtsgelehrten kein Streit. Es hätte demnach keinen Sinn, wenn Ulpian sagte: Julian hält es für zweifelhaft, ob ein Darlehn vorliegt, ich glaube das nicht, ja nach meiner Ansicht muss der Empfänger die Münzen sogar zurückgeben, da er sie in anderer Meinung empfangen hat.

Die beiden in Frage stehenden Stellen zeigen einen sehr grossen Unterschied in der Auffassungsweise. Wenn Geld zum Geschenk gegeben und als Darlehn empfangen wird, so erklärte Julian es für gewiss, dass das Eigenthum übergeht, war aber zweifelhaft, ob ein Darlehn anzunehmen ist, während Ulpian beides verneinte. Julian hielt also ein Darlehn ohne Darlehnsvertrag für möglich, und hierdurch erklärt sich auch seine Entscheidung über die Eigenthumsfrage. Zum Uebergabevertrage gehört alles, worüber eine Einigung der Parteien bei der Uebergabe erzielt werden muss. Nach Julian war eine Einigung über den rechtlichen

erhält.‘‘ Man denke daran, dass corpus den Besitz als äussere Thatsache bezeichnet. Auch handelt es sich in dieser allerdings nachlässig hingeschriebenen Stelle nicht um die Frage nach der Bereicherung, sondern um die Frage nach Eigenthum und Besitz.

Zweck überhaupt nicht bedeutsam, da dieser nur ebenso
wie jeder andere Beweggrund angesehen wurde. Der Uebergabevertrag bezog sich nach seiner Ansicht nur auf die
Uebergabe selbst. Allerdings wollen die Parteien mög-
licherweise gewisse andere Folgen dadurch erzielen, z. B.
eine Schuld tilgen oder begründen, ob sie sich aber auch
hierüber einigen, und ob sie ihren Zweck überhaupt erreichen, wäre vom rechtlichen Standpunkte aus gleichgültig.
Die Folgen könnten auch eintreten, wenn nur eine Partei
dieselben im Sinne gehabt hat.

Ulpian weist dagegen die Annahme eines Darlehns
ohne Weiteres zurück, weil ein solches nur auf Grund eines
Darlehnsvertrages möglich ist. Der Darlehns- und der
Uebergabevertrag ist aber nur ein einziger Vertrag: man
will nicht erstens übergeben und zweitens leihen, sondern
dadurch leihen, dass man übergiebt. Deshalb konnte Ulpian von seinem Standpunkte aus den Uebergabevertrag
nur dann für gültig erklären, wenn auch der Darlehnsvertrag, welcher ein wesentlicher Bestandtheil desselben ist,
zu Stande kommt. Dasselbe gilt vom Zahlungsvertrag und
andern dinglichen Verträgen.

Die Meinung Ulpians wird durch andere in die Pandekten aufgenommene Stellen bestätigt. Paulus sagt: [9]

, Nunquam nuda traditio transfert dominium, sed ita, si
uenditio aut aliqua iusta causa praecesserit propter quam
traditio sequeretur.

Als Beispiel einer „iusta causa“ wird der Kauf angeführt,
es ist demnach klar, dass „causa“ hier nicht als Beweggrund zu verstehen ist. Auch durch das Wort „praecesserit“ wird sie als ein äusserer Vorgang charakterisirt.

---

9) l. 31 pr. D. A. R. D. 41. 1.

Freilich wird man dieses Wort nicht so verstehen können, als ob die causa immer der Uebergabe vorhergehen müsse; das ist zwar das Gewöhnliche, würde aber beim Handgeschenk, bisweilen auch beim Darlehn und andern Verträgen nicht zutreffen.

Man vergleiche hiermit eine Stelle von Gajus:[10]

Nam res nec mancipi nuda traditione ad alium transferuntur, si modo corporales sunt et ob id recipiunt traditionem. itaque si tibi uestem uel aurum uel argentum tradidero siue ex uenditionis causa siue ex donationis siue quauis alia ex causa, tua fit ea res sine ulla iuris solemnitate.

Auch Diocletian und Maximian haben bestimmt, dass nur auf Grund eines gültigen Titels Eigenthum erworben werden kann:[11]

Nullo iusto titulo praecedente possidentes ratio iuris quaerere dominium prohibet.

Im Folgenden stellen sie den unmittelbaren Eigenthumserwerb ausdrücklich in Bezug auf den Titel mit der Ersitzung gleich. Aehnliches geschieht auch sonst, und es werden dabei als Arten des Eigenthumserwerbes namentlich Kauf, Schenkung und Mitgiftsvertrag genannt. So von Paulus:[12]

Genera possessionum tot sunt, quot et causae adquirendi eius quod nostrum non sit, uelut pro emptore pro donato pro legato pro dote pro herede pro noxae dedito pro suo.

---

10) Gaius II, § 19 und 20.
11) l. 24 C. R. U. 3. 32.
12) l. 3. § 21 D. A. P. 41. 2. l. 47. § 6 D. pec. 15. 1. l. 3. § 4 D. A. P. 41. 2.

Quae diximus in emptore et uenditore, eadem sunt, et
si alio quouis genere dominium mutatum sit, ut legato dotis
datione.

Ex plurimis causis possidere eandem rem possumus,
ut quidam putant et eum qui usuceperit et pro emptore et
pro suo possidere: sic enim et si ei qui pro emptore possi-
debat heres sim, eandem rem et pro emptore et pro herede
possideo: nec enim sicut dominium non potest nisi ex una
causa contingere, ita et possidere ex una dumtaxat causa
possumus.

Ebenso Ulpian: [13]

Pro suo possessio talis est: cum dominium nobis adquiri putamus, et ex ea causa possidemus ex qua adquiritur
et praeterea pro suo: utputa ex causa emptionis et pro
emptore et pro suo possideo, item donata uel legata uel
pro donato uel pro legato etiam pro suo possideo.

Hierher gehört auch eine Stelle von Gajus: [14]

Interdum etiam sine traditione nuda uoluntas domini
sufficit ad rem transferendam, ueluti si rem quam commo-
daui aut locaui tibi aut apud te deposui uendidero tibi:
licet enim ex ea causa tibi eam non tradiderim, eo tamen,
quod patior eam ex causa emptionis apud te esse, tuam
efficio. [15]

Dingliche Verträge werden erst durch ihre Ausführung
d. h. durch die Uebergabe wirksam; ist diese nicht mehr
nöthig, weil der Erwerber bereits den Gewahrsam hat, so
überträgt der blosse Vertrag Besitz und nach Umständen
Eigenthum. Als ein solcher dinglicher Vertrag wird der

---

13) l. 1 pr. D. pro suo 41. 10.
14) l. 9 § 5. D. A. R. D. 41. 1.
15) Ebenso l. 9 § 1 D. Publ. 6. 2. l. 62 pr. D. euict. 21. 2. § 44.
J. R. D. 2. 1.

Kauf genannt, welcher nicht nur die Einigung über den Besitzübergang, sondern auch die Einigung über den rechtlichen Zweck enthält.

Auch als Arten der Veräusserung werden dieselben Verträge genannt, welche einen gültigen Titel geben. Ulpian bestimmt sie in folgender Weise:[16]

In alienatione accipitur utique uenditor qui actione de peculio intra annum tenetur: sed et si donauit seruum uel permutauit uel in dotem dedit, in eadem causa est.

Ebenso Antonin,[17] indem er den Ausdruck gebraucht:

Ex donatione uel uenditione uel alio quolibet modo rebus alienatis . . . .

Ferner Constantius und Constans:[18]

. . . . uendita donata permutata in dotem data ceterisque causis legitime alienata.

Endlich Alexander:[19]

Alienum seruum sine uoluntate domini qui sciens uendidit seu donauit uel alio modo alienauit, nihil domino diminuere potest; et si contrectet uel apud se detinuerit, etiam furtum facit.[20]

Die Veräusserung erklären Seuerus und Antonin als den Inbegriff derjenigen Handlungen, durch welche Eigenthum übertragen wird:[21]

. . . . est autem alienatio omnis actus per quem dominium transfertur.

---

16) l. 1. § 5 § 6 D. quando de pec. act. ann. 15. 2.

17) l. 12 C. don. i. u. e. u. 5. 16.

18) l. 7 C. reuoc. don. 8. 56.

19) l. 6 C. furtis. 6. 2.

20) Siehe auch l. 15 C. R. U. 3. 32. Diocl. et Max. . . . . si ex causa donationis utrique dominium rei uindicetis.

21) l 1 C. fund. dot. 5. 23.

2. Anwendung auf einzelne Fälle (§ 7).

Gegen die hier entwickelte Ansicht spricht es natürlich nicht, wenn bei Bestellung einer Mitgift für eine ungültige Ehe das Eigenthum übergeht und der Geber nur
eine condictio hat,[1] denn durch die Ungültigkeit der Ehe
wird der Vertrag selbst nicht berührt. Wenn schon vor
der Ehe die Sachen übergeben werden, so kommt es darauf an, ob die Parteien wollen, dass das Eigenthum sofort
oder erst bei Abschluss der Ehe übergeht. Im letztern
Fall ist die Uebergabe eine bedingte und gilt erst dann,
wenn die Ehe zu Stande kommt.[2] Der Titel wird also
ebenso beurtheilt wie bei der Ersitzung.

Gegen die Ansicht, dass eine gültige causa zur Eigen-
thumsübertragung erfordert werde, hat man häufig eine
Kodexstelle angeführt. Dieselbe rührt von Diocletian und
Maximian her und lautet wie folgt:[3]

Quod si tu quidem emisti, et tibi tradita est possessio,
tantum autem nomen uxoris quondam tuae instrumento
scriptum est, res gesta potior quam scriptura habetur. si
uero ab initio negotium uxoris gerens comparasti nomine
ipsius, *empti actionem nec illi nec tibi quaesisti,* dum tibi
non uis nec illi potes. quare in dominii quaestione ille
potior habetur cui possessio a domino tradita est.

Die hier vertretene Ansicht wird durch sie nicht widerlegt. Wenn ein Ehemann im Namen seiner Ehefrau, welcher
er schenken will, eine Sache kauft, so erhält weder er
noch seine Ehefrau eine Klage aus dem Kaufe. Wird die

---

1) l. 59 § 2 D. iur. dot. 23. 3. Marc. l. 7 § 1 D. cond c. d. c.
n s. 12. 4. Jul.
2) l. 7 § 3 D. iur. dot. 23. 3. Ulp.
3) l. 6. i. f. C. 4. 50.

Sache aber einem von ihnen übergeben, so erhält dieser Eigenthum. Die Stelle ertheilt keinen Aufschluss darüber, ob der Kauf überhaupt nichtig ist, denn dies folgt noch keineswegs daraus, wenn dem Käufer die Klage verweigert wird. Es würde sogar eine Härte darin liegen, wenn dem Verkäufer, welcher vielleicht gar nicht weiss, dass der Käufer seiner Ehefrau schenken will, ebenfalls die Klage versagt würde. Man würde hier wohl eher eine Aehnlichkeit mit dem Kaufe, welchen ein Unmündiger abschliesst, finden können. Will man aber auch den Vertrag für nichtig erklären, so würde doch wieder in der Uebergabe selbst der Abschluss eines zweiten Kaufes zwischen dem Geber und Empfänger zu den Bedingungen des frühern liegen. Man muss ja auch eine Schenkung darin sehen, wenn jemand zur Erfüllung eines nicht klagbaren Schenkungsversprechens . giebt. Gegen die Gültigkeit des zweiten Kaufes lässt sich nichts erinnern.

Auch einer andern Stelle hat man nach meiner Meinung eine zu grosse Bedeutung beigelegt. Ulpian sagt:[4] Unter Umständen ist es zweifelhaft, ob ein Sklave, an welchem jemand den Niessbrauch hat, diesem oder dem Eigenthümer eine gekaufte Sache erwerben wird. Es kommt darauf an, aus wessen Vermögen er den Preis bezahlt; geschieht dies theilweise aus dem des einen, theilweise aus dem des andern, so wird beiden zu den entsprechenden Theilen Eigenthum erworben. Zahlt aber der Sklave den ganzen Preis nicht nur aus dem Vermögen des Eigenthümers, sondern auch ausserdem aus dem Vermögen des Niessbrauchers, so kommt es darauf an, wessen Münzen

---

4) l. 25 § 1 D. usufr. 7. 1.

zuerst gezahlt werden; von den zuletzt gezahlten verbleibt
das Eigenthum dem bisherigen Herrn. Werden die Münzen
in einem Beutel übergeben, so geht an ihnen das Eigenthum überhaupt nicht über, weil der Sklave nicht übertragen kann, wenn er einen höhern Preis bezahlt:
Quid tamen si forte simul soluerit ex re utriusque, utputa decem milia pretii nomine debebat et dena soluit ex
re singulorum: cui magis seruus adquirat? si numeratione
soluit, intererit, cuius priores nummos soluat: nam quos
postea soluerit aut uindicabit aut, si fuerint nummi consumpti, ad condictionem pertinent: si uero simul in sacculo
soluit, nihil fecit accipientis . . . .
Ulpian beschränkt seine Entscheidung auf den Sklaven,
und man kann nicht ohne Weiteres annehmen, dass er sie
ebenso für einen Freien gelten lassen wollte. Dieser musste
vielmehr auch Eigenthum übertragen, wenn er einen höhern
Preis bezahlte. Schon aus diesem Grunde ist der Schluss
sehr bedenklich, dass in der vorliegenden Stelle zur Gültigkeit der Uebergabe zum Zweck der Zahlung Gültigkeit der
betreffenden Schuld vorausgesetzt wird. Gehen wir nun
aber weiter auf den Fall ein, so ist es höchst wahrschein-
lich, dass nach Ulpian der Sklave wissentlich doppelt
zahlte; die Entscheidung hat dann nicht die mindesten
Schwierigkeiten, denn zu einer höhern Bezahlung (cum
plus pretium soluit seruus) hat der Sklave keine Befugniss,
und er kann daher durch dieselbe kein Eigenthum übertragen.
Nach der hier vertretenen Ansicht muss der ganze
Veräusserungsvertrag zu Stande kommen; wie liegt nun
der Fall, wenn der Vertrag unter einer Voraussetzung abgeschlossen wird, welche der Empfänger als unbegründet
kennt, wenn also. z. B. jemand eine Zahlung annimmt, ob-

wohl er weiss, dass keine Schuld besteht. Man kann dann zweifelhaft sein, ob man den erklärten Vertragswillen des Empfängers nicht als einen nur vorgegebenen anzusehen und demnach den Vertrag für ungültig zu erklären hat. In der That haben die Römer in ihren Entscheidungen hierüber geschwankt.

Nach Pomponius und Scävola begeht derjenige, welcher wissentlich Bezahlung einer nicht bestehenden Schuld annimmt, an den bezahlten Münzen ein furtum:[5]

Quoniam furtum fit, cum quis indebitos nummos sciens acceperit, uidendum, si procurator suos nummos soluat, an ipsi furtum fiat. et Pomponius epistularum libro octauo ipsum condicere ait ex causa furtiua, sed et me condicere, si ratum habeam quod indebitum datum sit. sed altera condictione altera tollitur.

Ulpian entscheidet ebenso und setzt hinzu, dass der vorgebliche Gläubiger kein Eigenthum erhalte:[6]

Falsus creditor hoc est is qui se simulat creditorem, si quid acceperit, furtum facit nec nummi eius fient.

Derselbe sagt an einer andern Stelle:[7]

Et si legatum mihi solutum est ex falsa causa scienti, utique pro possessore possidebo.

Aus dem Ausdruck „solutum“ geht hervor, dass Ulpian an ein legatum per damnationem, nicht an ein legatum per uindicationem dachte.

Man hat gesagt,[8] das Eigenthum gehe in diesem Falle deshalb nicht über, weil ein furtum vorliege; es sei selbst-

5) l. 18 D. de cond. furt. 13. 1.
6) l. 43 pr. D. de furt. 47. 2.
7) l. 13 § 1 D. her. pet. 5. 3.
8) Hofmann: Die Lehre vom titulus und modus acquirendi und von der iusta causa traditionis S. 112 ff.

verständlich, dass durch ein furtum nicht ein Recht erworben werden könne. Diese Erklärung erscheint beim ersten Anblick sehr einleuchtend, beruht aber dennoch auf einer falschen Auffassung des furtum.

Der Begriff des furtum ist von den Römern sehr weit ausgedehnt worden, aber immerhin doch mit der Einschränkung, dass durch dasselbe Eigenthums-, Besitz- oder Gebrauchsrechte verletzt werden:[9]

Furtum est contrectatio rei fraudulosa lucri faciendi gratia *uel ipsius rei uel etiam usus eius possessionisue.*

Auch Papinian hält daran fest, dass das furtum nur an einem Eigenthümer oder Besitzer begangen wird:[10]

Qui rem Titii agebat eius nomine falso procuratori creditoris soluit et Titius ratum habuit: *non nascitur ei furti actio* quae statim, cum pecunia soluta est, ei qui dedit nata est, *cum Titii nummorum dominium non fuerit neque possessio.*

Viele Stellen übergehen sogar den Besitz und erklären ein furtum als eine Verletzung des Eigenthums.[11]

Es verhält sich also gerade umgekehrt: das Wesen des furtum besteht darin, dass der Besitz oder das Eigenthum widerrechtlich entzogen wird; es greift nicht Platz, wo eine Besitzübertragung ordnungsmässig erfolgt. Dies lässt sich auch an mehreren Entscheidungen der Römer im Einzelnen nachweisen. Ueberall wo das Eigenthum bei dem bisherigen Herrn verbleibt, ist ein furtum möglich, wenn der Empfänger bei dem Erwerbe unredlich handelt, ein solches wird aber nie angenommen, wo die Erforder-

---

9) l. 1 § 3 D. furt. 47. 2

10) l. 80 § 7 D. furt. 47. 2.

11) So Sabinus bei Gellius 11, 18 § 20, Paul. sent. II, 31 § 1. § 31. vgl. l. 15 D. de cond. c. d. c. n. s. 12. 4. Pomp.

nisse zum Eigenthumsübergang vorhanden sind, auch hindert denselben eine Unredlichkeit auf Seiten des Empfängers keineswegs. Falsche Vorspiegelungen begründen demnach noch nicht für sich den Thatbestand des furtum, sondern nur den des Betruges: [12]

Si quis nihil in persona sua mentitus est, sed uerbis fraudem adhibuit, fallax est magis quam furtum facit: utputa si dixit se locupletem, si in mercem se collocaturum quod accepit, si fideiussores idoneos daturum uel pecuniam confestim se soluturum: nam ex his omnibus magis decepit quam furtum fecit et ideo furti non tenetur. sed quia dolo fecit, nisi sit alia aduersus eum actio, de dolo dabitur.

Der Sklave, welcher sich für frei ausgiebt, um ein Darlehn zu erhalten, begeht ebenfalls kein furtum: [13]

Seruus qui se liberum adfirmauit, ut sibi pecunia crederetur, furtum non facit: namque hic nihil amplius quam idoneum se debitorem adfirmat. idem est in eo qui se patrem familias finxit, cum esset filius familias, ut sibi promptius pecunia crederetur.

Sobald dagegen hinzukommt, dass der Empfänger weder Eigenthum noch rechtmässigen Besitz erhält, wird ein furtum angenommen. Dies thut daher Ulpian in dem Falle, dass jemandem, welcher Geld verleiht, eine falsche Person untergeschoben wird: [14]

Cum Titio honesto uiro pecuniam credere uellem, subiecisti mihi alium Titium egenum, quasi ille esset locuples, et nummos acceptos cum co diuisisti: furti tenearis quasi ope tua consilioque furtum factum sit: sed et Titius furti tenebitur.

---

12) l. 43 § 3 D. furt. 47. 2. Ulp.
13) l. 52 § 15 D. furt. 47. 2.
14) l. 52 § 21 D. furt. 47. 2.

Das Eigenthum geht hier deshalb nicht über, weil der
Geber sich in der Person des Empfängers täuscht; dieser
erhält deshalb auch keinen rechtmässigen Besitz an der
Sache, sondern entzieht dieselbe vielmehr rechtswidrig dem
Geber. Hierin aber liegt der Thatbestand des furtum.
Also nicht: „das Eigenthum geht nicht über, wenn ein
furtum vorliegt," sondern umgekehrt: „ein furtum kann
nur dann vorliegen, wenn das Eigenthum nicht übergeht."
Die Erklärung dafür, dass nach mehreren Rechtsgelehrten
der vorgebliche Gläubiger kein Eigenthum an den gezahlten
Münzen erwirbt, muss daher noch gefunden werden. Sie
ist offenbar in der Mangelhaftigkeit des Uebergabevertrages
zu suchen. Allerdings hatten beide Theile den Willen Besitz zu übertragen bez. zu empfangen, aber der vorgebliche Gläubiger wusste, dass eine Schuld nicht bestand;
jene Rechtsgelehrten nahmen daher an, dass er in Wahrheit den Willen zahlungshalber zu empfangen nicht haben
könne, denselben vielmehr nur vorgebe. Dazu stimmt sehr
wohl, dass gerade Ulpian, welcher sich mit aller Entschie-
denheit für diese Ansicht erklärt hat, wie wir oben gesehen haben,[15] ebenso nachdrücklich eine Uebereinstimmung in den Gründen (causae) zur Gültigkeit der Uebergabe forderte.

  Was von dem vorgeblichen Gläubiger, das gilt auch
von dem vorgeblichen Vertreter (procurator) eines Gläubigers. Wenn jener, so kann auch dieser nicht den ernst-
lichen Willen haben zahlungshalber zu empfangen. Ulpian
entscheidet hier dem entsprechend, fügt aber hinzu, dass
Neratius anderer Meinung gewesen ist:[16]

---

15) Siehe § 6 Anm. 2.
16) l. 43 § 1 D. furt. 47. 2.

Falsus procurator furtum quidem facere uidetur. sed Neratius uidendum esse ait, an haec sententia cum distinctione uera sit, ut si hac mente ei dederit nummos debitor, ut eos creditori perferret, procurator autem eos intercipiat, uera sit: nam et manent nummi debitoris, cum procurator eos non eius nomine accepit cuius eos debitor fieri uult et inuito domino eos contrectando sine dubio furtum facit. quod si ita det debitor, ut nummi procuratoris fiant, nullo modo eum furtum facere ait uoluntate domini eos accipiendo.

Neratius unterschied: übergab der Schuldner dem vorgeblichen Vertreter seines Gläubigers die Münzen nur, damit dieser sie seinem Gläubiger überbringe, so begeht der Vertreter durch Aneignung der Münzen ein furtum, auch behält der Schuldner das Eigenthum an denselben, da er dieses nicht auf den Vertreter, sondern unmittelbar auf den Gläubiger selbst zu übertragen beabsichtigte; wollte er dagegen die Münzen dem Vertreter selbst zu Eigenthum geben, so begeht dieser kein furtum, da er sie mit dem Willen des Herrn empfängt. Neratius nahm also im letztern Falle Eigenthumsübergang an: entweder weil er der Ansicht Julians war,[17] dass Uebereinstimmung über den rechtlichen Zweck der Uebergabe unter den Parteien nicht nöthig sei, oder weil er annahm, dass eine Einigung darüber nicht durch den Umstand gehindert würde, dass dem Empfänger die Unrichtigkeit der Voraussetzung bekannt war. Darüber waren aber auch hier Ulpian und Neratius einig, dass das furtum nur diejenigen Fälle umfasst, in denen das Eigenthum schon aus andern Gründen nicht übergeht.

Neratius hätte die Entscheidung Ulpians in Betreff des vorgeblichen Gläubigers in ähnlicher Weise beschränken

17) Siehe § 6 Anm. 1.

müssen. Seiner Ansicht ist auch Papinian gewesen; derselbe stellt den Satz auf, dass der vorgebliche Gläubiger
und der vorgebliche Vertreter des Gläubigers nur dann ein
furtum begehen, wenn sie sich für eine andere Person aus-
geben, nämlich für den wahren Gläubiger bez. den wahren
Vertreter des Gläubigers: [18]

Falsus autem procurator ita demum furtum pecuniae
faciet, si nomine quoque ueri procuratoris quem creditor
habuit adsumpto debitorem alienum circumuenerit. quod
aeque probatur et in eo qui sibi deberi pecuniam ut heredi
Sempronii creditoris adseuerauit, cum esset alius.

Papinian nahm offenbar an, dass der Geber nur dann
Eigenthümer bleibt, wenn er sich bei der Uebergabe über
die Person des Empfängers täuscht, nicht aber dann, wenn
nur der Empfänger die Unrichtigkeit der bei der Uebergabe gemachten Voraussetzung kennt.

3. Sonstige Erfordernisse des Eigenthums-
erwerbes (§ 8).

Die Voraussetzungen, unter welchen bei gültigem Titel
Eigenthum erworben wird, sind je nach den verschiedenen
Arten des Titels verschieden. Bei der eigenmächtigen Besitzergreifung muss hinzukommen, dass die in Besitz genommene Sache herrenlos ist. Stützt sich daher der Besitzergreifende darauf, dass die Sache von dem vorigen Besitzer
preisgegeben worden ist, so wird verlangt, dass der Letztere seinerseits Eigenthümer war. Um durch Vermächtniss
Eigenthum zu übertragen, muss der Erblasser selbst Eigenthum gehabt haben, das ältere Recht forderte dies bei

---

18) l. 81 (80) § 6 D. furt. 47. 2.

nicht vertretbaren Sachen nicht nur für den Augenblick des Todes, sondern auch für den Augenblick der Errichtung des Vermächtnisses. Auf Grund eines Erbfalls erhält nur der wirkliche Erbe Eigenthum.

Streitig ist auch hier wieder die Uebergabe. Dieselbe ist ihrem Wesen nach keine Eigenthums-, sondern eine Besitzübertragung, und deshalb ist nicht, wie man gewöhnlich sagt, der „animus transferendi bez. accipiendi dominii," sondern nur der animus transferendi bez. accipiendi possessionis nöthig. Paulus sagt:[1]

Si rem tradi stipulamur, non intellegimur proprietatem eius dari stipulatori, sed tantum tradi.[2]

In dem Willen Besitz zu übertragen bez. zu empfangen liegt allerdings, wenn die Parteien glauben, dass der Geber Eigenthümer ist, stets auch der Wille Eigenthum zu übertragen bez. zu empfangen, und so erwähnen die Römer an mehreren Stellen[3] diesen Willen als den mehr in die Augen springenden. Die Unterscheidung zwischen dem Willen Eigenthum zu erwerben und dem Willen Besitz zu erwerben wird aber wichtig, wenn die Parteien den Eigenthumserwerb irrthümlich für unmöglich halten, etwa weil sie glauben, der Geber sei nicht Eigenthümer.

Paulus sagt:[4]

Qui ignorauit dominum esse rei uenditorem, plus in re est quam in existimatione mentis: et ideo tametsi existimet se non a domino emere, tamen si a domino ei tradatur, dominus efficitur.

---

1) l. 28 D. U. O. 45. 1.
2) Vgl. l. 3 pr. § 1 D. A. E. U. 19. 1.
3) z. B. § 40 J. de rer. diu. 2. 1.
4) l. 9. § 4 D. iu. et fact. ign. 22. 6.

Auch eine andere Stelle und zwar von Uipian ist hier anzuführen: [5]

Si quis sponsam habuerit, deinde eandem uxorem duxerit, cum non liceret, an donationes quasi in sponsalibus factae ualeant, uideamus. et Iulianus tractat hanc quaestionem in minore duodecim annis, si in domum quasi mariti inmatura sit deducta: ait enim hanc sponsam esse, etsi uxor non sit. sed est uerius, quod Labeoni uidetur et a nobis et a Papiniano libro decimo quaestionum probatum est, ut, si quidem praecesserint sponsalia, durent, quamuis iam uxorem esse putet qui duxit, si uero non praecesserint, neque sponsalia esse, quoniam non fuerunt, neque nuptias, quod nuptiae esse non potuerunt. ideoque si sponsalia antecesserint, ualet donatio; si minus, nulla est, quia non quasi ad extraneam, sed quasi ad uxorem fecit et ideo nec oratio locum habebit.

Wenn jemand irrthümlich in einer gültigen Ehe zu leben glaubt und seiner vermeintlichen Ehefrau ein Geschenk macht, so wird untersucht, ob die Schenkung als eine an eine Verlobte gemachte (quasi in sponsalibus facta) gültig ist. Julian hatte die Frage für den Fall, dass die vermeintliche Ehefrau noch nicht zwölf Jahre alt ist, bejaht, indem er annahm, dass in dem Abschluss der allerdings ungültigen Ehe immerhin ein Verlöbniss liege. Papinian und Ulpian hielten diese Annahme für nicht begründet und wollten daher die vermeintliche Ehefrau nur dann als Verlobte ansehen, wenn dem Abschluss der ungültigen Ehe ein Verlöbniss vorhergegangen war. Für diesen Fall sollten die Schenkungen unter den vermeintlichen Ehegatten als anlässlich eines Verlöbnisses gemachte gelten. Sie nahmen

5) l. 32 § 27 D. de don. i. u. e. u. 24. 1.

also offenbar Eigenthumsübergang auf Grund der Schenkung
an, obwohl der vermeintliche Ehemann natürlich die Uebertragung von Eigenthum an die vermeintliche Ehefrau durch
Schenkung nicht für möglich halten konnte.

Jhering[6] hat das Verdienst, hierauf zuerst aufmerksam
gemacht zu haben. Auch charakterisirt er das Wesen der
Uebergabe sehr scharf durch die Worte:[7]

„Der Wille richtet sich auf den abstrakten Akt, nicht
auf die konkrete Wirkung.... Das Eigenthum des Tra-
denten geht über, auch wenn er es jetzt nicht kannte."

Nicht ganz so zutreffend scheint es mir freilich,
wenn er diesen Gedanken in folgender Weise verall-
gemeinert:[8]

„Beim objektiven Vorhandensein der Voraussetzungen
eines Rechtsgeschäfts ist das subjektive Nichtwissen derselben und mithin der Glaube an die Unwirksamkeit des
Rechtsgeschäfts völlig unschädlich."

Wenn nämlich zu den Voraussetzungen des Rechtsgeschäfts ein gerade auf die betreffenden Wirkungen des
Rechtsgeschäfts gerichteter Wille gehört, so ist das Rechtsgeschäft nothwendig nichtig, sobald dieser Wille aus irgend
einem Grunde nicht besteht oder gar überhaupt unmöglich
ist. Bei der Uebergabe ist nur der auf die Besitzübertragung, nicht der auf die Eigenthumsübertragung gerichtete
Wille rechtlich erheblich, und deshalb schadet es nicht,
wenn der Uebertragende die Eigenthumsübertragung für
unmöglich hält. Andere Rechtsgeschäfte können aber durch

---

6) Jahrbücher II, S. 155 ff. Jhering führt ausser l. 9 § 4 D. de
iur. ign. 22. .6. auch l. 21 pr. D. A. R. D. 41. 1 und l. 44 § 1 D.
usuc. 41. 3 an.

7) Jhering a. a. O. S. 156.

8) Jhering a. a. O. S. 157.

die Annahme eines Hindernisses, ja selbst durch die Un-
gewissheit über das Bestehen eines solchen gehindert werden, nämlich dann, wenn ein auf die Wirkung gerichteter
Wille erforderlich ist.

Das gilt namentlich von letztwilligen Bestimmungen.
So berichtet Marcellus folgende Entscheidung des Aristo: [9]

Aristo negauit ualere codicillos ab eo factos qui, pater
familias nec ne esset, ignorasset.

Dasselbe wie von den Kodizillen gilt von dem Testament. So sagt Paulus: [10]

Qui in testamento domini manumissus est, si ignorat
dominum decessisse aditamque eius esse hereditatem, testamentum facere non potest, licet iam pater familias et
sui iuris est: nam qui incertus de statu suo est, certam
legem testamento dicere non potest.

Ebenso Ulpian: [11]

De statu suo dubitantes uel errantes testamentum facere
non possunt.

Die Uebergabe ist Besitzübertragung. Ist mit dem
übertragenen Besitze das Eigenthum verbunden, so geht
auch dieses mit ihm über. Gleichgültig ist, ob der Geber
weiss, dass er Eigenthum hat, oder nicht. Es kann aber
vorkommen, dass der Geber zwar Eigenthum hat, dass das
Eigenthum aber nicht mit dem Besitz verbunden ist, nämlich, wenn er das Eigenthum aus einem andern Grunde als
den Besitz hat. Dann geht das Eigenthum bei der Uebergabe nicht über. Das zeigt folgende vielbesprochene
Stelle: [12]

---

9) l. 9 D. iur. cod. 29. 7.
10) l. 14 D. qui test. fac. poss. 28. 1.
11) l. 15 D. qui test. fac. poss. 28. 1.
12) l. 49 D. mand. 17. 1. Marc.

Seruum Titii emi ab alio bona fide et possideo: mandatu meo eum Titius uendidit, cum ignoraret suum esse; uel contra ego uendidi illius mandatu, cum forte is cui heres exstiterit eum emisset: de iure euictionis et de mandatu quaesitum est. et puto Titium, quamuis quasi procurator uendidisset, obstrictum emptori neque, si rem tradidisset, uindicationem ei concedendam, et idcirco mandati eum non teneri, sed contra mandati agere posse, si quid eius interfuisset, quia forte uenditurus non fuerit. contra mandator si rem ab eo uindicare uelit, exceptione doli summouetur et aduersus uenditorem testatoris sui habet ex empto iure hereditario actionem.

Die Stelle bespricht zwei Fälle:

Ich habe einen dem Titius gehörigen Sklaven von einem Dritten in redlicher Meinung gekauft und besitze ihn; in meinem Auftrage hat ihn Titius darauf verkauft, indem er sein Eigenthumsrecht nicht kannte. Dann ist Titius, wenn er auch nur im fremden Auftrage verkauft hat, doch dem Käufer verpflichtet und vindizirt die Sache nach der Uebergabe nicht mehr mit Erfolg. Deshalb wird er nunmehr nicht mit der Mandatsklage zur Zahlung des Erlöses angehalten, sondern kann vielmehr selbst aus dem Mandat auf sein etwaiges Interesse klagen, weil er vielleicht die Sache nicht verkauft haben würde.

Oder umgekehrt: ich habe den Sklaven im Auftrage des Titius verkauft, indem beispielsweise sein Erblasser ihn gekauft hatte. Dann wird er als Auftraggeber bei der Vindikation der Sache durch eine exceptio doli zurückgewiesen und hat gegen denjenigen, welcher sie seinem Erblasser verkaufte, als Erbe die actio empti.

Der erste Fall bietet zu keinen Zweifeln Anlass. Den zweiten hat man von den Zeiten der Glossatoren bis auf

die neueste Zeit so aufgefasst, dass man annahm, der Erblasser des Titius habe den Sklaven nicht nur gekauft, sondern auch übergeben erhalten. Diese Ergänzung hat an
sich nichts Bedenkliches, da „uendere" sehr häufig für
„uendere et tradere" gebraucht wird.

Die Stelle rührt von Marcellus her, und für seine Zeit
bietet die Erklärung überhaupt keine Schwierigkeiten. Derjenige, welcher von mir kauft, kann das Eigenthum an dem
Sklaven schon wegen Mangels der Manzipation nicht
erwerben; Titius bleibt also quiritarischer Eigenthümer,
wird aber, da er selbst den Auftrag zum Verkaufe gegeben
hat, bei der Vindikation durch die exceptio doli zurückgewiesen.

Nicht so leicht lässt sich für das Justinianische Recht
ein Grund auffinden, weshalb der Käufer nicht Eigenthum
erhalten sollte. Der Streit kann sich demgemäss auch nur
um die Frage drehen, wie die Kompilatoren die Stelle aufgefasst wissen wollten. Nun hat Jhering [13] bereits vollständig nachgewiesen, dass diese Erklärung mit der gewöhn-
lichen Ansicht über die Erfordernisse der Uebergabe nicht
in Einklang zu bringen ist.

Da es nur auf den Willen Besitz bez. Eigenthum zu
übertragen und zu erwerben ankommt, so lässt sich nicht
absehen, wie ein Irrthum über den Grund des Eigenthums
in irgend einer Weise erheblich werden könnte. Auch wird
diese Annahme ausserdem noch dadurch widerlegt, dass
Eigenthumsübertragung möglich ist, obgleich der Geber
überhaupt nicht für den Eigenthümer gilt. [14] Aus ihr würde
endlich, wie Jhering mit Recht behauptet, folgen, dass

---

13) Jahrbücher II, S. 152 ff.
14) l. 9 § 4 D. iur. et fact. ign. 22. 6. s. Anm. 4.

das Eigenthum nicht überginge, wenn der Geber durch
Ersitzung auf Grund eines Kaufes statt, wie er meint, schon
durch die Uebergabe seitens des Verkäufers Eigenthümer
geworden ist. Jhering versucht daher die Stelle in ganz verschiedener
Weise zu erklären. Er will den Satz: „seruum Titii emi
ab alio bona fide et possideo" auch für den zweiten Fall
gelten lassen und ergänzt zu „cum forte is cui heres exstiterit eum emisset" „a me." [15]

Ich bin nach Jhering also auch im zweiten Fall redlicher Besitzer des Sklaven. Denselben hat der Erblasser
des Titius von mir gekauft, aber nicht übergeben erhalten.
Nach seinem Tode beauftragt mich Titius ihn anderweitig
zu verkaufen, und ich verkaufe und übergebe ihn einem
Dritten. Dann geht kein Eigenthum über, weil ich den
Sklaven als den meinigen, nicht als den des Titius verkauft
habe, die Vindikation kann aber durch eine exceptio doli
zurückgewiesen werden. Gegen diese Erklärung scheinen
mir die Einwände, welche Scheurl [16] geltend gemacht hat,
stichhaltig zu sein.

Die Ergänzung des „a me" ist in der That sehr
bedenklich. Dass Marcellus es hinzudachte, wird man schon
deshalb nicht annehmen dürfen, weil die Entscheidung sich
für seine Zeit auch dann rechtfertigt, wenn man die Stelle
ihrem natürlichen Sinne nach ohne alle künstlichen Aus-
legungsversuche erklärt. Aber es ist auch nicht glaublich,
dass die Kompilatoren sie so, wie Jhering will, aufgefasst
haben. Der Sinn, welchen Marcellus damit verbunden
hatte, war zu deutlich, als dass sie ihn hätten missver-

---

15) a. a. O. S. 173 ff.
16) Jahrbücher II, S. 19 ff.

stehen können. Wären sie von ihm abgegangen, so würden
sie offenbar die Stelle, welche nach ihrer Absicht nunmehr
von einem ganz andern Falle handeln sollte, nicht wörtlich
aufgenommen, vielmehr für ihren Zweck durch Einschaltung
des „a me" abgeändert haben. Andernfalls hätten sie sich
sagen müssen, dass sie ihre Meinung den grössten Miss-
deutungen aussetzten, da es nunmehr sehr nahe lag, das
„cum forte is cui heres exstiterit eum emisset" als Gegensatz zu „seruum Titii emi ab alio bona fide et possideo"
aufzufassen. In der That hat denn auch niemand vor
Jhering an die Möglichkeit einer andern Auffassungsweise
gedacht. Unhaltbar vollens wird diese Ergänzung dadurch,
dass im Ausgang der Stelle „aduersus uenditorem testatoris
sui" gesagt ist, da es nach Jhering „aduersus me"
heissen müsste.

Ebenso schwer wiegen die dogmatischen Bedenken.

Mit Recht macht Scheurl darauf aufmerksam, dass der
von Jhering behauptete Vertrag zwischen mir und Titius
den ursprünglichen Kauf aufheben würde, so dass eine
Klage wegen Entwehrung, wie sie im Ausgange der Stelle
erwähnt wird, nicht zurückbliebe.

Die Klage aus dem Kaufe geht auf Gewährung des
Besitzes (habere licere) und, wo dies unmöglich ist, auf
das Interesse. Allerdings kann der Käufer den Verkäufer
anweisen einem Dritten zu übergeben, [17] aber immer ist es
die Uebergabe und die Gewährung rechtmässigen Besitzes,
welche durch die actio empti erzwungen wird.

Dies findet jedoch auf den von Jhering angenommenen
zweiten Vertrag keine Anwendung. Hier kommt es dem

---

17) Dies ist der Fall d. l. 15 § 2 D. C. E. 18. 1, auf deren Ana-
logie sich Jhering beruft.

Titius nicht auf die Sache selbst, sondern auf Erlangung ihres Geldwerthes an; er verzichtet ausdrücklich auf die Uebergabe und verabredet, dass ich verkaufen soll. Wie darf er nun noch wegen Entwehrung klagen? Er kann mich überhaupt weder ihm selbst noch dem neuen Käufer zu übergeben zwingen, sondern hat im günstigsten Falle nur eine Klage auf den Preis, welchen ich bei dem Verkaufe der Sache erziele. Wäre sogleich von Anfang an ein Vertrag des Inhalts abgeschlossen worden, dass Titius mir eine bestimmte Geldsumme bezahlen, und dass ich dafür meine Sache einem Dritten verkaufen und dem Titius den Erlös einhändigen solle, so würde dies offenbar kein Kauf sein. Wird nun der ursprüngliche Kauf so abgeändert, dass er diesen Inhalt bekommt, so kann er ebensowenig ein Kauf bleiben, als ein Kauf vorliegen würde, wenn von vorn herein ein derartiger Vertrag abgeschlossen wäre. Der ursprüngliche Kauf wird also durch die neue Abmachung aufgehoben, und eine Klage aus einem Kaufe (actio empti) ist nunmehr überhaupt nicht mehr möglich.

Hinzuzufügen ist noch, dass auch die exceptio doli gegen die Vindikation des Titius nicht gerechtfertigt werden kann. Titius hat weder sein Recht verkaufen lassen noch sich sonst in irgend einer Weise an dem Verkaufe betheiligt. Seine Einwilligung bez. sein Auftrag dazu hat keine andere Bedeutung, als dass meine persönliche Verpflichtung ihm den Sklaven zu übergeben aufgehoben, und die Verpflichtung ihm den Preis des Sklaven zu bezahlen an ihre Stelle gesetzt wird. Dieser Auftrag berührt mich allein, für dritte Personen ist er gleichgültig. Er hat überhaupt nur verpflichtende, nicht dingliche Wirksamkeit. Ich hätte auch ohne diesen Auftrag des Titius den Sklaven ebenso gültig verkaufen können, nur hätte ich mich dadurch einer per-

sönlichen Klage von seiner Seite, nämlich der Klage aus
dem Kaufe, ausgesetzt.

Wie will man hiernach eine exceptio doli gegen die
Eigenthumsklage des Titius rechtfertigen? Handelt er
etwa unredlich, wenn er eine Sache vindizirt, welche ich
allerdings mit seinem Willen aber in meinem eignen Namen
verkaufte und zwar zu einer Zeit, wo er sein Eigenthumsrecht nicht kannte? Daraus würde folgen, dass niemand
eine Sache vindiziren kann, zu deren Verkauf durch einen
andern er in irgend einer Weise seine Zustimmung zu
erkennen gegeben hat.

Wir kommen also wieder auf die alte schon von den
Glossatoren herstammende Erklärung zurück. Die Rechtfertigung dafür jedoch, dass derjenige, welcher von mir
kauft, nicht Eigenthümer wird, finden wir darin, dass mit
dem übertragenen Besitze kein Eigenthum verbunden war.
Titius besass den Sklaven auf Grund eines Kaufes als Erbe
(pro emptore hereditario iure), das Eigenthum aber hatte
er, ohne es zu wissen, aus einem ganz andern Grunde,
welcher in der Stelle nicht besonders angegeben wird.
Hätte er um diesen Grund seines Eigenthums gewusst, so
wäre sein Besitz auch zugleich auf ihn gestützt gewesen,
denn ein Besitz aus mehreren Gründen ist sehr wohl möglich. [18] Auch ist eine solche Aenderung des Besitzgrundes
nachdem man bereits den Besitz erlangt hat, nicht bedenklich, wie eine Stelle von Julian zeigt: [19]

Quod uulgo respondetur ipsum sibi causam possessionis
mutare non posse, *totiens uerum est, quotiens quis sciret se
bona fide non possidere et lucri faciendi causa inciperet*

---

18) l. 3. § 4 D. A. P. 41. 2. Paul.
19) l. 33. § 1. D. usurp. 41. 3.

possidere. idque per haec probari posse: si quis emerit fundum sciens ab eo cuius non erat, possidebit pro possessore; *sed si eundem a domino emerit, incipiet pro emptore possidere* nec uidebitur sibi ipse causam possessionis mutasse. idemque iuris erit etiam, si a non domino emerit, cum existimaret eum dominum esse. idem hic si a domino heres institutus fuerit uel bonorum eius possessionem acceperit, *incipiet fundum pro herede possidere.* hoc amplius, si iustam causam habuerit existimandi se heredem uel bonorum possessorem domino exstitisse, *fundum pro herede possidebit* nec causam possessionis sibi mutare uidebitur.

Der Satz, dass man den Grund seines Besitzes nicht ändern kann (nemo sibi ipse causam possessionis mutare potest), findet nur dann Anwendung, wenn ein unredlicher Besitzer in dem Bewusstsein, dass die Sache einem andern gehört, sich auf einen neuen Grund für seinen Besitz, namentlich einen Erbfall stützen will. Wenn dagegen der früher unredliche Besitzer die Sache rechtmässig von dem wirklichen oder vermeintlichen Herrn erwirbt, so stützt er sich von da an auf diesen Erwerb, besitzt also aus einem andern Grunde als bisher. Es macht auch keinen Unterschied, ob er die Sache in redlicher Meinung kauft, oder ob er Ursache hat sich für den Erben des bisherigen Eigenthümers zu halten. Hätte also Titius den wahren Grund seines Eigenthums erfahren, so würde er aus diesem Grunde besitzen und durch einen in seinem Auftrage geschehenen Kauf Eigenthum übertragen.

4. Bisherige Ansichten (§ 9).

Man unterschied früher beim Eigenthumserwerbe den sogenannten „titulus und modus acquirendi." Der Erstere

sollte die Möglichkeit geben ein dingliches Recht überhaupt
zu erwerben und bisweilen in einer Thatsache, bisweilen
in einer gesetzlichen Bestimmung liegen. So sollte z. B. bei
der selbstständigen Besitzergreifung die Regel, dass der
Besitz Ergreifende an herrenlosen Sachen Eigenthum
erwirbt, den Titel bilden. Unter „modus“ dachte man sich
dagegen eine Handlung, welche „jene Möglichkeit in eine
Wirklichkeit verwandelt,“ z. B. die eigenmächtige Besitzergreifung selbst.

Die Unterscheidung in dieser Ausdehnung missbilligte
schon Glück,[1] welcher sie nur für die Uebergabe gelten
lassen wollte. „Wenn man also,“ sagt er,[2] „durch eine
Uebergabe von Seiten des Eigenthümers oder, wer sonst
dazu berechtigt ist, die Proprietät an einer Sache erwerben
soll, so muss eine Forderung (obligatio) vorhergehen, die
eine Veräusserung bezweckt. Die Forderung, vermöge
welcher man die Uebergabe verlangen kann, heisst der
Titel zur Uebergabe (titulus traditionis) oder, wie das angeführte Gesetz sagt, iusta causa praecedens propter quam
traditio sequeretur. Die Uebergabe selbst aber oder das
Faktum, wodurch mir der Besitz der Sache vom Eigenthümer oder, wer sonst zur Veräusserung befugt ist, in
Gemässheit einer auf das Eigenthum gerichteten Forderung
eingeräumt wird, ist der modus acquirendi, die Erwerbshandlung, die Erwerbungsart.“

Glück fasste den Titel demnach als die Voraussetzung auf, welche die Parteien beim Abschluss
des Uebergabevertrages machen, und beruft sich[3] für

---

1) Glück Pandekten, Bd. VIII, S. 83 f.
2) Glück a. a. O. S. 90.
3) Glück a. a. O. S. 89 f.

seine Ansicht auf Paulus [4] sowie auf Diocletian und Maximian. [5]

Auch in dieser Fassung ist die Lehre vom „titulus und modus acquirendi" nicht haltbar. Zunächst giebt es viele Fälle, in denen die Uebergabe ohne vorhergehende Forderung erfolgt, z. B. bei einem Handgeschenk oder bei einem vorher nicht versprochenen Darlehn.

Glück behauptet freilich: [6] „die Forderung kann auch durch eben die Handlung entstehen, durch welche sie erfüllt wird." Der Ausdruck, dessen er sich bedient, darf nicht wörtlich aufgefasst werden, denn es ist widersinnig, dass eine Forderung durch dieselbe Handlung entstehen soll, durch welche sie erfüllt wird. Er meinte auch wohl vielmehr, dass in Wirklichkeit nicht nur eine Handlung, sondern zwei vorliegen, von denen die erste eine Forderung begründet, die andere sie erfüllt, und dass diese beiden Handlungen sich äusserlich als eine einzige darstellen.

Aber in Wirklichkeit wird hier überhaupt eine Forderung nicht begründet. Für das ältere römische Recht ist das unzweifelhaft, da nach demselben nur in bestimmten Fällen, zu welchen die angeführten nicht gehören, durch blosse Willenseinigung Forderungen entstehen. Im Justinianischen Recht verpflichtet jedenfalls das Versprechen eines Darlehns nicht. Auch für das heutige Recht ist die Sache nicht anders. Allerdings verpflichtet bei uns eine blosse Willenseinigung, indessen liegt gerade beim Handgeschenk und beim vorher nicht versprochenen Darlehn eine auf die Verpflichtung des Gebers gerichtete Willenseinigung nicht

---

4) l. 31 pr. D. A. R. D. 41. 1.
5) l. 24. C. R. U. 3. 32.
6) Glück a. a. O. S. 91.

vor. Der Schenkende will geben, aber sich nicht verpflichten zu geben.

Hierzu kommt noch ein anderer Grund. Die Römer
sagen, es werde mit Ausnahme der condictio furtina nie
eine condictio gegeben, wenn eine Eigenthumsklage möglich
sei. So heisst es in den Institutionen: [7]

Sic itaque discretis actionibus certum est non posse
actorem rem suam ita ab aliquo petere „si paret cum dare
oportere:“ nec enim quod actoris est id ei dari oportet,
quia scilicet dari cuiquam id intellegitur quod ita datur, ut
eius fiat, nec res quae iam actoris est magis eius fieri
potest. plane odio furum, quo magis pluribus actionibus
teneantur, effectum est, ut extra poenam dupli aut quadru-
pli rei recipiendae nomine fures etiam hac actione teneantur
„si paret eos dare oportere,“ quamuis ' sit aduersus eos
etiam haec in rem actio per quam rem suam quis esse
petit. appellamus autem in rem quidem actiones uindicatio-
nes, in personam uero actiones quibus dare facere oportere
intenditur condictiones.

Nun wird eine condictio aber auch da zugelassen, wo
etwas „sine causa“ gegeben worden ist, [8] während nach
älterer Lehre die Uebergabe ohne causa das Eigenthum
nicht übertragen, der Geber also die Eigenthumsklage behalten soll. Ebenso deutlich zeigt das Bestehen der condictio indebiti, dass die Uebergabe zur Erfüllung einer
irrthümlich angenommenen Schuld Eigenthum überträgt.
Endlich wird in einigen Stellen ein Eigenthumsübergang
ausdrücklich angenommen, obgleich die Voraussetzung der

---

7) § 14 und 15 J. act. 4. 6.
8) l. 1 § 3. l. 2. l. 4. l. 5 D. cond. sine causa 12. 7.

Parteien bei dem Uebergabevertrage eine irrthümliche war. Ulpian sagt z. B.:[9]

Suptilius quoque illud tractat, an ille qui se statu liberum putauerit nec fecerit nummos accipientis, quoniam heredi dedit quasi ipsius heredis nummos daturus, non quasi suos, qui utique ipsius fuerunt, adquisiti scilicet post libertatem ei ex testamento competentem. et puto, si hoc animo dedit, non fieri ipsius: nam et cum tibi nummos meos quasi tuos do, non facio tuos. quid ergo, si hic non heredi, sed alii dedit cui putabat se iussum? si quidem peculiares dedit, nec fecit accipientis: si autem alius pro eo dedit aut ipse dedit iam liber factus, fient accipientis.

Ein Sklave hat durch ein Testament die Freiheit erhalten, er glaubt indessen, dass er nach testamentarischer Bestimmung erst dann frei sein soll, wenn er dem Erben eine bestimmte Summe gegeben hat. Zur Erfüllung dieser Bedingung zahlt er Münzen, welche er nach der wirklichen Erlangung der Freiheit erworben hat. Es handelt sich darum, ob er Eigenthum überträgt. Nach der ältern Lehre wäre das überhaupt nicht möglich, denn die Voraussetzung, in welcher er zahlt, ist nicht begründet. Ulpian aber unterscheidet. Wenn der Freigelassene selbst an den Erben zahlt, so geht allerdings das Eigenthum nicht über: da er nach seiner Meinung noch Sklave des Empfängers ist, so kann er bei der Uebergabe überhaupt nicht den Willen haben Eigenthum oder Besitz zu übertragen, er giebt vielmehr die Münzen an den, welchen er für den Eigenthümer derselben hält. Glaubt er dagegen, dass er an einen andern als den Erben zahlen soll, so kann er natürlich an Münzen, welche Bestandtheile des peculium sind, also dem

9) l. 3 § 8 D. cond. c. d. c. n. s. 12. 4.

Erben gehören, das Eigenthum nicht übertragen, wohl aber
an Münzen, die ihm selber gehören, die er also etwa schon
nach der wirklichen Freilassung erworben hat. Ganz dasselbe gilt, wenn ein anderer in seinem Auftrage zahlt.
Eine Forderung liegt in beiden Fällen nicht vor.

Die Unhaltbarkeit der ältern Lehre wurde im Anfange
dieses Jahrhunderts erkannt. Aber statt dem Irrthum auf
den Grund zu gehen und von den in den Quellen angeführten Beispielen der causa traditionis (Kauf, Schenkung
u. s. w.) ausgehend festzustellen, was die Römer hierunter
verstanden, behauptete man nunmehr, eine causa sei nicht
erforderlich, und es genüge zum Eigenthumsübergange, dass
die Parteien darüber einig seien.

Wenn man nun auch in diesem Ergebnisse im Allgemeinen übereinstimmt, so lässt sich doch streng genommen
von einer herrschenden Lehre nicht sprechen. Die Römer
verlangen in mehreren Stellen zum unmittelbaren Eigenthumserwerbe ganz ebenso wie zur Ersitzung eine „causa
traditionis" oder einen Titel;[10] da sich diese Aussprüche
nicht fortschaffen lassen, so sucht sich ein jeder auf seine
eigene Weise mit denselben abzufinden, und hieraus ergeben
sich mehr oder minder bedeutende Abweichungen in der
Fassung. Auf die vielfachen Schwankungen dieser heute
im Allgemeinen angenommenen Ansicht kann ich nicht
genauer eingehen,[11] es sollen nur einige Beispiele hervor-
gehoben werden.

Savigny, der Begründer der Lehre, sagt:[12]

„ . . . . Daraus folgt, dass die Tradition das
Eigenthum überträgt durch den übereinstimmenden Willen

---

10) Siehe § 6.

11) Vgl. darüber z. B. Hofmann, die Lehre vom titulus und
modus acquirendi, S. 65 ff.

12) Savigny, Obligationsrecht. Bd. II, S. 257.

beider handelnden Personen, ohne diesen Willen aber
nicht."

Mit der von den Quellen erforderten „iusta causa
traditionis" findet er sich in folgender Weise ab:[13]

„Wenn es bei der Tradition üblich wäre ausdrücklich
zu sagen: durch diese Handlung soll Eigenthum übergehen
(oder nicht übergehen), so bedürfte es keiner weitern Prü-
fung, der Uebergang (oder Nichtübergang) wäre dadurch
allein völlig und sicher entschieden. Aber gerade ein
solcher Ausdruck ist bei uns so wenig üblich, als er es
bei den Römern war. Man könnte sagen, er sei zu abstrakt,
zu theoretisch für eine so naturale Handlung wie die Tradition. Um nun in zweifelhaften Fällen eine sichere Entscheidung zu finden, bleibt nichts übrig, als auf die um-
gebenden Umstände, Absichten, Zwecke zu sehen, auf dasjenige Rechtsgeschäft, mit welchem die Tradition in Ver-
bindung steht, wodurch sie herbeigeführt worden ist. Eben
dies ist die wahre Bedeutung der iusta causa . . ."

Hiernach müssten die Römer die Erfordernisse zur
Gültigkeit einer Handlung mit den Thatsachen, aus welchen
sie erkannt werden, in kaum glaublicher Weise verwech-
selt haben. Denn Paulus verlangt eine vorhergehende
causa zur Gültigkeit der Uebergabe,[14] indem er dabei noch
ausdrücklich betont, dass die blosse Uebergabe (nuda traditio) niemals Eigenthum giebt. Exner behauptet:[15]

„Die ganze Lehre von der condictio indebiti ruht auf
der Voraussetzung, dass das Eigenthum durch Tradition
auch dort übertragen wird, wo eine iusta causa in jenem
Sinne gewiss fehlt."

---

13) Savigny, Obligationsrecht. Bd. II, S. 258.
14) l. 31 pr. D. A. R. D. 41. 1.
15) Exner, die Lehre vom Rechtserwerb durch Tradition. S. 321.

Er kommt zu dem Ergebnisse, [16] „dass der in der Tradition sich vollziehende dingliche Vertrag in seiner Wirkung durchaus unabhängig ist von dem Bestehen oder Nichtbestehen einer bezüglichen Obligation."

Das stimmt mit der hier vertretenen Ansicht den Worten nach durchaus überein. Doch aus der folgenden Ausführung ergiebt sich, dass er nur eine Einigung über die Eigenthumsübertragung fordert. Die iusta causa fasst er als den „animus dominii transferendi et accipiendi" auf, wie dies auch sonst schon geschehen ist. [17] Dem widerspricht aber, dass als iusta causa ausdrücklich der Kauf erwähnt wird.

Hofmann [18] versteht die iusta causa traditionis „als ein sogenanntes negatives Erforderniss der Tradition" und erläutert das, wie folgt: [19]

„Die causa traditionis ist also eine causa im subjektiven Sinne und zwar causa im Sinne von Zweck (nächster Z.), nicht im Sinne von Motiv (entfernterer Z.). Die iusta causa traditionis ist also mit Einem Worte: der „iustus animus.""

Von einem solchen „negativen Hinderniss" hätte Paulus sicher nicht sagen können, dass es vorhergehen (praecedere) müsse. Auch wäre dann ja gerade im Gegensatz zu seiner Aesserung die blosse Uebergabe als solche zur Eigenthumsübertragung hinreichend, sofern nicht ein besonderes Hinderniss ihrer Wirksamkeit entgegenstände.

Die meisten Gelehrten kommen darin überein, dass nur die Einigung über den Eigenthumsübergang, der soge-

---

16) Exner: die Lehre vom Rechtserwerb durch Tradition, S. 321.
17) S. Exner: die Lehre vom Rechtserwerb durch Tradition, S. 323.
18) Hofmann, die Lehre vom titulus und modus acquirendi, S. 102.
19) Hofmann a. a. O. S. 104.

nannte animus transferendi bez. accipiendi dominii, erforderlich sein soll, und in diesem Sinne kann man allerdings
von einer herrschenden Meinung sprechen.

Derselben ist zunächst der Vorwurf zu machen, dass
sie den Eigenthumstitel aus seinem natürlichen Zusammenhange mit dem Ersitzungstitel herausreissen und für beide
durchaus verschiedene Grundsätze gelten lassen will. Sie
tritt schon dadurch in Widerspruch mit den Quellen, welche
für beide fast mit denselben Worten und Beispielen die
Nothwendigkeit einer causa aussprechen.

Sie scheidet ferner ohne Grund den einheitlichen
Willen der Parteien, indem sie behauptet, der Wille be-
treffend den Eigenthumsübergang sei nach dem Grundsatze
„utile per inutile non uitiatur" wirksam, auch wenn über
den rechtlichen Grund der Uebertragung keine Einigung zu
Stande kommt.

Diese Trennung ist unzulässig.

Wenn die Anhänger der herrschenden Meinung sagen:
wer giebt, um zu zahlen, will erstens geben und zweitens
zahlen, der Wille zu geben kann daher gelten, wenn auch
der Zahlungsvertrag nicht zu Stande kommt, so widerspricht das dem wahren Willen der Parteien: der Zahlende
will überhaupt nicht schlechthin geben, sondern er will nur
mit der Massgabe geben, dass er zahlt. M. a. W. die Parteien schliessen nicht zwei Verträge, erstens über die Zahlung und zweitens über den Eigenthumsübergang, sondern
nur einen einzigen ab. Ein Vertrag kommt aber nicht zu
einem Theile, sondern entweder ganz oder garnicht zu
Stande.

Nur scheinbar widerspricht dem die Stipulation. Allerdings ist für ihren Bestand der Grund gleichgültig. Aber
die Erklärung liegt in der Form der Eingehung. Der

ganze Inhalt des Vertrages wird mit den Worten „spon-
desne? spondeo" ausgedrückt; von einer causa ist überhaupt
nicht die Rede.   Da nun die Stipulation ein Formalvertrag
ist, so kommt nur das ausdrücklich Ausgesprochene in Betracht, und die Einigung über den rechtlichen Grund ist
völlig gleichgültig. Die Parteien nehmen durch das Aussprechen der Formel selbst jene begriffliche Scheidung vor
und erklären nur den auf die Verpflichtung gegründeten
Willen für wesentlich.   Sie lassen die causa bei Seite und
schliessen den Vertrag nur über die Begründung der
Schuld ab.

Nicht so bei der Uebergabe. Hier nehmen die Parteien die begriffliche Theilung zwischen den einzelnen
Momenten ihres Willens nicht vor; der Richter, welcher
sie trotzdem scheiden müsste, würde offenbar gegen ihren
wahren Willen handeln.

Schluss.

Das heutige Recht (§ 10).

Die ausgeführten Vorschriften gelten im Allgemeinen
auch für das heutige Recht, auch jetzt noch muss man
nicht weniger wie bei den Römern zur Gültigkeit der
Uebergabe das völlige Zustandekommen des Uebergabevertrages verlangen.

Aber schon bei der Feststellung des römischen Rechtes
machte die Frage Schwierigkeiten, welche Verträge dinglich und welche Verträge nur verpflichtend wirken. So oft
ein dinglicher Vertrag (z. B. ein Kauf) vorliegt, geschieht
die Besitzübertragung durch diesen selbst, seine Gültigkeit
ist daher unerlässlich. Die spätere Uebergabe gilt nicht

als ein selbstständiger Vertrag, sondern nur als Ausführung des bereits fertigen dinglichen Vertrages. So oft dagegen ein nur verpflichtender Vertrag (z. B. eine Stipulation) abgeschlossen ist, treten einstweilen überhaupt noch keine dinglichen Folgen ein; um solche zu ermöglichen, ist ein zweiter und zwar ein dinglicher Vertrag (Zahlungsvertrag) erforderlich. Bei diesem letztern setzten die Parteien allerdings einen vorgängigen verpflichtenden Vertrag voraus, aber die Unrichtigkeit dieser Voraussetzung hindert den Zahlungsvertrag selbst durchaus nicht. Um die Regel, dass die Gültigkeit des Uebergabevertrages erforderlich ist, anwenden zu können, muss man also feststellen, welches der Uebergabevertrag ist, und dies kann man nur, wenn man weiss, welche Verträge dingliche Wirksamkeit haben.

Für das römische Recht ist das geschehen. Wir fanden, dass unter allen verpflichtenden Verträgen nur der Kauf zugleich dinglich wirkte. Jedes Versprechen einer Leistung wurde durch Stipulation klagbar. Nach der damaligen Rechtsanschauung war diese aber kein Veräusserungsvertrag: der Versprechende wurde durch sie verpflichtet das Eigenthum der in Rede stehenden Sache zu erwerben und dann auf den Gläubiger zu übertragen. Im Uebrigen war eine eng begrenzte Anzahl von Verträgen klagbar, von denen jeder seine Eigenthümlichkeiten hatte. Auch diese wirkten mit Ausnahme des Kaufes nicht dinglich. Heute gilt aber nicht ohne Weiteres dasselbe, denn das römische Vertragssystem ist von uns nicht angenommen. Wir können nicht mehr wie die Römer einen Unterschied zwischen dem Kaufversprechen und dem --- gleichviel, ob ohne oder gegen Entgelt gegebenen — Stipulationsversprechen machen. Bei uns ist jeder Vertrag klagbar, welcher sich nicht auf eine unerlaubte Leistung richtet.

Es sind also neue Regeln zu suchen.

Wenn ein auf Uebergabe einer bestimmten Sache gerichteter Vertrag sogleich durch die thatsächliche Uebergabe dinglich wirksam gemacht werden soll, so ist er unzweifelhaft ein Uebergabevertrag. Der Wille zu übergeben wird bereits ausgesprochen und der Uebergebende hat überhaupt nicht die Zeit vor der Uebergabe das Verfügungsrecht über die Sache zu erwerben. Das ist immer der Fall beim Zahlungsvertrag, beim Handgeschenk und beim Darlehn. Hierbei wird meistens von den Parteien eine verpflichtende Wirkung des Vertrages überhaupt nicht beabsichtigt sein. Der Schenkende beim Handgeschenk will sich z. B. regelmässig überhaupt nicht zu irgend etwas verpflichten, er will vielmehr eben geben, ohne verpflichtet zu sein. Auch der Darlehnsvertrag soll nicht zur Hingabe des Darlehns verpflichten, wenn nicht in ihm zugleich ein pactum de mutuo dando liegt, welches allerdings nach heutigem Recht klagbar ist.

Zweifelhaft wird aber die Entscheidung, wenn der zur Uebergabe verpflichtende Vertrag von der Uebergabe zeitlich getrennt ist. Die römischen Formvorschriften für einzelne Verträge gelten jetzt nicht mehr. Ein formloses Versprechen dem andern Theil das Eigenthum einer Sache zu übertragen verpflichtet unzweifelhaft, auch wenn man zur Zeit noch nicht Eigenthümer ist. Ein solches hat genau dieselbe Wirkung wie das römische Stipulationsversprechen, welches eben nur durch die Nothwendigkeit einer bestimmten Form ausgezeichnet ist.

Demnach fällt der römische Unterschied zwischen dem Kauf und der Stipulation fort. Auch liegt kein Grund mehr vor etwa den Tausch oder andere Uebergabeverträge zum Zweck einer Gegenleistung (datio ob causam) grundsätzlich anders zu behandeln. Das Massgebende ist nunmehr allein die Absicht der Parteien, welche durch keine Formvorschriften in ihrer Wirksamkeit beschränkt ist. Wenn dieselbe, wie es wohl die Regel sein wird, nicht bestimmt ausgedrückt ist, so muss auf sie aus den Umständen geschlossen werden.

Die Wirksamkeit der dinglichen Verträge ist im Wesentlichen dieselbe wie bei den Römern. Will jemand eine Sache so wie er sie selbst besitzt, übergeben, so ist das ein dinglicher Vertrag. Beide Parteien handeln dann unredlich, wenn sie wissen, dass die Sache einem Fremden gehört. Hat der Erwerber bereits den Gewahrsam, so erhält er sofort Besitz bez. Eigenthum, aber auch andernfalls gilt die Uebergabe nicht als ein selbsständiger Vertrag, sondern nur als Ausführung des bereits abgeschlossenen dinglichen Vertrages. Will man dagegen nur die Uebergabe einer Sache *versprechen*, so liegt, wenn man das Eigenthum noch nicht hat, darin, dass man dasselbe zuvor erwerben, oder auch, dass man den Berechtigten zur Uebertragung bewegen will. Dingliche Folgen werden erst durch einen Zahlungsvertrag herbeigeführt, dessen Gültigkeit allein zum unmittelbaren Eigenthumserwerb oder zur Ersitzung nöthig ist.

Das Landrecht hat diesen Standpunkt angenommen, und zwar erklärt es die nur verpflichtenden Verträge als eine Ausnahme, welche nur zulässig ist, wenn beide Parteien ausdrücklich über die Sache als eine fremde verhandelt haben. Es sagt:[1]

„Haben beide Theile ausdrücklich über fremde Sachen oder Rechte einen Vertrag geschlossen, so ist anzunehmen, dass der eine sich nur hat verpflichten wollen den Dritten

---

1) Landrecht I, 5 § 46.

zum Besten des andern zu einer dem Vertrage gemässen
Handlung zu vermögen."

Liegt eine solche Absicht nicht vor, so handeln die
Parteien unredlich, und der Vertrag ist daher nichtig:[2]

„Kann diese Absicht der Kontrahenten nach dem In-
halte des Vertrages oder nach den Umständen nicht angenommen werden, so hat dergleichen Vertrag keine rechtliche Wirkung."

Der Code geht noch weiter, indem er jeden Verkauf
einer fremden Sache schlechthin für nichtig erklärt. Er sagt:[3]

„La vente de la chose d'autrui est nulle: elle peut
donner lieu à des dommages-intérêts lorsque l'acheteur a
ignorée que la chose fut à autrui."

Der Verkauf einer fremden Sache soll freilich, wenn
er auch nicht dinglich wirken kann, doch immer noch verpflichtende Wirkung haben und Schadensersatzansprüche
begründen.

Ueber die Schenkung heisst es:[4]

„La donation dûment acceptée sera parfait par le seul
consentement des parties; et la propriété des objects don-
nés sera transferée au donataire, sans qu'il soit besoin
d'autre tradition."

Es mag noch ausdrücklich darauf aufmerksam gemacht werden, dass die hier vertretene Ansicht nichts mit
der Frage gemein hat, ob der Verkäufer Eigenthum oder
nur rechtmässigen Besitz geben müsse. Der Verkäufer
erklärt seinen Besitz, sowie er ihn selbst hat, übertragen
zu wollen. Wofür er noch ausserdem einstehen muss, ob
dafür, dass Eigenthum mit übertragen werde, oder ob nur

---

2) Landrecht I, 5 § 47.
3) Code § 1599.
4) Code § 939.

für die Unentziehbarkeit des Besitzes, ist für unsern Zweck gleichgültig.

Mag der zur Uebergabe verpflichtende Vertrag zugleich dingliche Wirksamkeit haben oder nicht, so kommt man doch immer zu ganz andern Ergebnissen als die herrschende Meinung. Der Unterschied tritt immer bei den Titeln aus Veräusserungsverträgen zu Tage.

Nach der herrschenden Meinung soll zur Eigenthumsübertragung die Einigung über den Eigenthumsübergang genügen, nach der hier vertretenen Meinung ist auch die Einigung über den rechtlichen Zweck der Uebergabe erforderlich. Nun kann allerdings niemand ohne jeden rechtlichen Grund Eigenthum übertragen wollen, der Unterschied zwischen beiden Meinungen wird aber dann wichtig, wenn Geber und Empfänger einen verschiedenen Grund im Auge hatten, z. B. jener schenken, dieser ein Darlehn empfangen wollte.

Wenn ein Vertrag vorhergeht, durch welchen ein Theil sich verpflichtet seinen Besitz an einer Sache, sowie er selbst ihn hat, auf den andern zu übertragen, so gilt die spätere Uebergabe nur als Ausführung dieses Vertrages. Die Parteien haben den Willen in Erfüllung desselben zu handeln. Dieser selbst ist dann ebenso wie der römische Kauf als Uebergabevertrag anzusehen, ohne ihn ist also keine gültige Uebergabe möglich. Die Regel wird wichtig, wenn die Parteien irrthümlich glaubten, ein solcher Vertrag sei zu Stande gekommen, wie das namentlich bei Erben, aber auch unter andern Verhältnissen ganz wohl möglich ist.

In jedem Falle muss also untersucht werden, ob ein dinglicher oder ein bloss verpflichtender Vertrag vorliegt. Hiervon hängt die Entscheidung darüber ab, ob seine Gültigkeit für die Uebergabe nöthig ist oder nicht.

Für die Praxis läuft der Unterschied darauf hinaus, dass nach der hier vertretenen Ansicht der Geber in vielen Fällen noch die Eigenthumsklage hat, wo die herrschende Meinung nur eine condictio zulässt.

Dass das schon an sich von Wichtigkeit sein kann, namentlich wenn der Empfänger zahlungsunfähig ist, bedarf keiner besonderen Erläuterung. Die condictio ist aber auch bisweilen insofern für den Kläger ungünstiger, als er noch mehr, z. B. bei der condictio indebiti einen entschuldbaren Irrthum, nachweisen muss. Der Eigenthumsübergang wird dagegen immer gehindert, wenn der Uebergabevertrag nicht zu Stande gekommen ist, gleichviel ob ein entschuldbarer Irrthum des Gebers vorliegt oder nicht. Selbst bei einem Rechtsirrthum würde nicht anders zu entscheiden sein.

Wenn die herrschende Lehre zum Eigenthumsübergange zu wenig verlangt, so verlangt sie zur Publicianischen Klage und zum Ersitzungstitel zu viel. In Wahrheit gelten hier dieselben Grundsätze wie dort.

Zum Titel bei der Publicianischen Klage und bei der Ersitzung gehört ausser der Thatsache der Uebergabe nur der dingliche Vertrag. Auf die Richtigkeit der Beweggründe zur Uebergabe kommt es dagegen nicht an. Die Zahlung zur Erfüllung einer irrthümlich angenommenen Verpflichtung, welche nicht durch einen dinglichen Vertrag als Nebenfolge begründet wurde, giebt einen gültigen Titel.

Die Praxis hat sich nicht durchweg der herrschenden Theorie angeschlossen. Die Schwierigkeit lag hauptsächlich in der Frage, was unter iusta causa traditionis zu verstehen sei. Man konnte sich darüber, dass die Quellen eine solche mit grosser Bestimmtheit fordern, doch nicht so leicht hinwegsetzen.

Einige Entscheidungen zeigen das klar.

In einem Falle war unter den Parteien Eigenthumsübertragung zu dem Zwecke verabredet worden, um dem
Erwerber eine möglichst grosse Sicherheit für eine Forderung an den Geber zu gewähren.

Die beiden ersten Gerichte nahmen einen Eigenthumsübergang nicht an, weil eine iusta causa traditionis mangele,
indem sie ausführten, dass der Zweck der Parteien als
eine solche nicht anzusehen sei. Das Oberappellationsgericht zu Rostock erklärte diese Entscheidung für unzu-
treffend, indem es sich genau an Savigny anschloss. Dabei
hielt es aber doch nicht überflüssig zugleich festzustellen,
dass „bei den in Frage stehenden Vereinbarungen *die
Kontrahenten übereinstimmend den Zweck verfolgten* dem
Gläubiger wegen seiner Forderungen in ähnlicher Weise
durch Eigenthumsübertragung Sicherheit zu verschaffen, wie
dies sonst gewöhnlich durch Pfandbestellung geschieht.“

Nach der hier vertretenen Ansicht ist ebenso zu
entscheiden, da der Uebergabevertrag gültig zu Stande
gekommen ist. Das Appellationsgericht legte ebenfalls
hierauf Gewicht, da es besonders die Uebereinstimmung
der Parteien über den Zweck der Uebertragung betont.
Nach der herrschenden Meinung würde auf diese Uebereinstimmung über den Zweck überhaupt nichts ankommen.[5]

Ein Schuldner verkaufte und übergab seinem Gläubiger
eine Heerde zu 1400 Thlr. In dem Kaufvertrage überliess
der Käufer dem Verkäufer die Benutzung und verpflichtete
sich die Heerde nach Lösung des Pachtverhältnisses zu verkaufen und dasjenige herauszugeben, was er etwa mehr erhalten sollte, als er selbst an den Verkäufer bezahlt hatte.

Das Oberappellationsgericht zu Rostock erkannte auch
hier den Eigenthumsübergang an, indem es sich wieder

5) Seuffert Archiv XIX, 122.

ausdrücklich darauf stützte, dass der Kauf gültig sei: „Nach
diesem allen," heisst es in dem Erkenntnisse, „erscheint
der fragliche Kauf als rechtsgültig, mithin war er auch
iusta causa traditionis .... sonach und da auch das pretium
gehörig gezahlt, ist der in Folge des Kaufes durch Tradition begründete Eigenthumserwerb ausser Zweifel.[6]
Der Inhaber einer Eisengiesserei Jürgen Langerhans
zu Stade hatte seinem Schwager dem Hausmann Suhr eine
Urkunde des Inhalts ausgestellt, dass er bekannte von
demselben 6150 Thlr. geliehen erhalten zu haben. Für
dieses Darlehn setzte er sein ganzes Vermögen zum Pfande.
Zugleich erklärte er, er „verkaufe, zedire und übertrage
für jene bereits erhaltenen 6150 Thlr. sein sämmtliches
jetziges und künftiges Fabrikinventar seiner Eisengiesserei
an p. Suhr, so dass derselbe von jetzt an als Eigenthümer
dieses ihm damit tradirten Inventars anzusehen sei, er
selbst dasselbe aber nur als Pächter unter sich habe und
für die ihm gestattete fernere Nutzung desselben alljährlich
261 Thlr. an Suhr zahlen wolle und müsse." Zum Schluss
waren in diesem Schriftstück für die geliehene Summe
Kündigungsfristen festgesetzt.

Das Oberappellationsgericht zu Celle nahm einen Eigenthumsübergang nicht an. Es führte aus: Der Vertrag ergebe,
dass die ursprüngliche Darlehnsschuld unverkürzt fortbestehen
solle, obgleich sie ihrem ganzen Betrage nach zugleich als
Kaufpreis des Fabrikinventars zu bezeichnen sei. Es fehle
demnach an einem Preise, sodass ein gültiger Kauf nicht
vorliege. Nun bestehe freilich die iusta causa traditionis an
sich nur in dem übereinstimmenden auf Geben und Nehmen
von Eigenthum gerichteten Willen der Parteien. Indessen
lasse die unverkennbar hervortretende rein accessorische

6) Seuffert Archiv VII, 282.

Natur des dem Kläger an dem Fabrikinventar eingeräumten
dinglichen Rechtes zusammengehalten mit den sonstigen be-
gleitenden Umständen entnehmen, dass dem Kläger nicht
sowohl die volle rechtliche Herrschaft über die Sache als
vielmehr lediglich die Befugniss gewährt werden sollte,
sich im Falle der Nichtzahlung an das Fabrikinventar zu
halten. Damit sei aus dem Begriff des Eigenthums alles
das herausgenommen, wodurch sich dasselbe noch wesentlich von dem Pfandrecht unterscheide. [7]

In den drei soeben angeführten Fällen würde auch
nach der hier vertretenen Ansicht nicht anders zu entscheiden sein - als nach der herrschenden. Es handelt sich
in ihnen immer darum, ob der Uebergabevertrag nicht bloss
dem Namen, sondern auch dem Willen der Parteien ge-
mäss auf Eigenthumsübertragung ging.

Anders in einem Erkenntnisse des Oberappellations-
gerichts zu Wiesbaden. In den Gründen desselben wird ganz
allgemein ausgeführt: eine Eigenthumsübertragung werde dadurch nicht ungültig, dass die Tradition aus Irrthum geschehen und nach dem ihr zu Grunde liegenden Vertrage
der Uebergebende zur Uebergabe überhaupt oder theilweise
nicht verpflichtet gewesen, aber irrthümlich dennoch übergeben und hierdurch eine Nichtschuld bezahlt habe. Die
Rückforderung geschehe in diesem Fall durch eine condictio, nicht durch eine uindicatio. [8]

Man muss hier vielmehr unterscheiden, ob der vorhergehende Vertrag als ein Uebergabevertrag anzusehen ist
oder nicht.

Bei der Ersitzung geht die herrschende Meinung in
ihren Anforderungen an den Titel zu weit, da sie bei einer

---

7) Seuffert Archiv XIV, 90.
8) Seuffert Archiv X, 231.

Uebergabe zum Zweck einer Zahlung das wirkliche Bestehen der betreffenden Verpflichtung verlangt. Die Praxis
hat die Härte dieser Forderung durch möglichst weite Ausdehnung des sogenannten Putativtitels zu mildern gesucht.
So lässt das Oberappellationsgericht zu Celle ganz allgemein bei entschuldbarem Irrthum einen Titel aus einem
ungültigen Rechtsgeschäfte zu.[9]
Auch das Oberappellationsgericht zu Darmstadt nimmt
an, dass die Ersitzung, aber allerdings nur ausnahmsweise,
auch ohne einen wirklichen Titel zulässig sei, wenn nur
sonst ein guter (faktischer) Grund vorhanden gewesen, der
dem Besitzer jene Ueberzeugung habe beibringen können.[10]
Das Obertribunal zu Berlin hat in einem Erkenntnisse
ausgeführt: wo der Uebergang des Eigenthums aus einem
Geschäfte durch Vernachlässigung der gesetzlichen Form
gehindert werde, könne das formlose Geschäft auch als
Rechtstitel zur Ersitzung nur insofern wirken, als der Erwerber die Ungültigkeit desselben zufolge eines entschuldbaren Irrthums verkannt habe.[11]
Ein oberster Gerichtshof hat sogar von einem „Putativtitel" gesprochen, wo in Wirklichkeit ein durchaus vollständiger Titel vorliegt.
Ein Guterswerb war durch einen Abfindungsvertrag
geschehen, bei welchem von Seiten der überlassenden Partei
ein Minderjähriger betheiligt war. Dieser Abfindungsvertrag wurde später als Ersitzungstitel geltend gemacht. Der
Gegner wandte ein, dass es bei demselben an dem erfor-
derlichen obrigkeitlichen Veräusserungsdekrete gemangelt
habe, weshalb ein iustus titulus nicht vorliege. Darauf
wurde ein titulus putatiuus behauptet.

9) Seuffert Archiv XXIV, 11.
10) Seuffert Archiv XXII, 16.
11) Seuffert Archiv I, 405.

Das Obertribunal zu Stuttgart nahm in der That eine Ersitzung auf Grund eines titulus putatiuus an, indem es sich darauf berief, dass im römischen Rechte der Kauf von einem Minderjährigen die Möglichkeit der Ersitzung gebe.[12] Es wurde bereits oben gezeigt, dass hier ein regelmässiger Titel vorliegt.

Der Kassations- und Revisionshof zu Berlin hat dies auch in einem ähnlichen Falle ausgeführt: ein blosser Mangel in den persönlichen Eigenschaften des Veräussernden — die fehlende Einwilligung des Ehemanns in die Veräusserung der Frau — sei nach römischem Recht nicht als ein solcher Mangel zu betrachten, welcher von Seiten des Titels die Ersitzung zu hindern vermöchte.[13]

Noch weiter als das Obertribunal zu Stuttgart ist das Oberappellationsgericht zu Darmstadt gegangen.

Eine der Domkirche zu Köln gehörige Büchersammlung war während der französischen Revolution nach dem Herzogthum Westphalen geflüchtet und von dort in den Jahren 1812 bis 1815 dem Museum und der Hofbibliothek zu Darmstadt einverleibt worden.

Die Domkirche zu Köln wurde gegen den Grossherzoglich hessischen Zentralfiskus klagbar. Dieser behauptete die Büchersammlung .ersessen zu haben.

Das Oberappellationsgericht zu Darmstadt nahm an, der Verklagte habe guten Grund gehabt zu glauben, die fraglichen Manuskripte im Kloster zu Wedinghausen hätten diesem oder dem Kapitel der Hauptstadt des Herzogthums Westphalen gehört. Der etwaige Irrthum des Verklagten hinsichtlich der Eigenthumsverhältnisse erscheine als ein gerechtfertigter faktischer also als ein in Bezug auf den Erwerbs-

---

12) Seuffert Archiv II, 138. vgl. l. 2 § 15 D. pro empt. 41. 4.
13) Seuffert Archiv II, 137.

titel entschuldigter, so dass ein Fall vorliege, in welchem der Putativtitel die Stelle des wirklichen vertrete.[14]

Diese Gründe sind höchst bedenklich. Es mag dahin gestellt bleiben, ob der Verklagte überhaupt einen Besitztitel hatte. Bejaht man aber diese Frage, so ist der Titel auch offenbar ein vollständiger, denn das Eigenthum des Gewährsmannes gehört nie mit zur Begründung eines Titels. Ein Irrthum hierüber ist für den Titel gleichgültig und nur für die Frage nach der bona fides von Belang. Es würde sonst überhaupt nur in ganz vereinzelten Fällen eine Ersitzung auf Grund eines regelmässigen Titels möglich sein.

Ueber den Titel bei der actio Publiciana zeigt ein interessanter Prozess recht deutlich die Verwirrung, welche über den Begriff der causa herrscht.

Es handelte sich darum, ob eine Verpflichtung als iusta causa erforderlich sei.

Im Hofgericht zu Giessen liessen sich Stimmen vernehmen, welche die Inkonsequenz der herrschenden Lehre betonten und zu dem Ergebnisse kamen, dass die Frage zu verneinen sei. Endlich ging freilich die entgegengesetzte Ansicht durch. Das Oberappellationsgericht zu Darmstadt bestätigte das Erkenntniss.[15].

Nach der hier vertretenen Ansicht hängt die Entscheidung davon ab, ob der die Verpflichtung begründende Vertrag ein Uebergabevertrag ist. Ist das nicht der Fall oder war die angenommene Verpflichtung überhaupt nicht durch Vertrag begründet, so ist ihr wirkliches Bestehen gleichgültig.

---

14) Seuffert Archiv IX, 265.
15) Siehe das Genauere Seuffert Archiv XX. 207.